U0632005

金融刺客·金融战役史系列丛书

飘散的烟云

——世界金融战役史

江晓美 著

中国科学技术出版社

·北京·

图书在版编目（CIP）数据

飘散的烟云：世界金融战役史/江晓美著. —北京：中国科学技术出版社，2010.3

（金融刺客：金融战役史系列丛书）

ISBN 978-7-5046-5587-5

Ⅰ.①飘… Ⅱ. ①江… Ⅲ.①金融－经济史－世界

Ⅳ.①F831.9

中国版本图书馆 CIP 数据核字（2010）第 039797 号

本社图书贴有防伪标志，未贴为盗版

责任编辑：王明东　张　群
封面设计：耕者工作室　李丹
责任校对：林　华
责任印制：王　沛

中国科学技术出版社出版

北京市海淀区中关村南大街 16 号　邮政编码：100081

电话：010—62173865　传真：010—62179148

http://www.kjpbooks.com.cn

科学普及出版社发行部发行

北京玥实印刷有限公司印刷

*

开本：787 毫米×960 毫米 1/16　印张：11　字数：200 千字

2010 年 3 第 1 版　2010 年 3 月第 1 次印刷

印数：1—5000 册　定价：30.00 元

ISBN 978- 7-5046-5587-5/F · 685

（凡购买本社图书，如有缺页、倒页、脱页者，本社发行部负责调换）

序　言

　　世界是美好的，人们是善良的，人类文明的明天也必将是今天无法想象的辉煌和壮丽，人类必将挣脱无知和原始的束缚，打碎时间与空间的桎梏，脱离病痛与死亡的宿命，展开科学与理性的翅膀，自由翱翔于无限与永恒的物质世界，这一天必将到来！

　　但是，在人类文明发展的过程中，我们创造了一个具有如此神奇两面性的事物，那就是私有制。天、地、人，一切的一切本来都是能量与物质的产物，无所谓你我，这就是世界永恒的固有属性。私有制出现以后，一切都被打破了，人们满怀着控制一切的妄想与贪婪，彼此相斗，争夺着自己的果子、自己的山洞、自己的领地、自己的河流乃至自己的王国。这一切都是那样的短暂，从来就没有一个私有制世界的万王之王，能够不倒在地上化为尘土。

　　一些物质海洋的浪花，突然有了"私心"，这种妄想带来了史无前例的飞跃，自私和贪婪成就了资本之树，鲜血和阴谋书写了私有制的历史，当人们的智力足够理解骗局的时候，骗局就成了最有力的武器。古罗马帝国的方阵四处征伐、军事贵族用鲜血燃烧着短暂而辉煌的生命，从采买跪在地上的奴隶到垄断一切商业采买，他们通过推高一种叫做"黄金"的无用金属，逐渐缔造了欧洲原始的跨国虚拟经济，虚拟资本最终控制了一切实体经济，他们自己演变成为跨国垄断金融资本。控制了美元、欧元、日元等货币体制的罗思柴尔德家族，无疑是其中的佼佼者。但来自妄想国度的胜利者，手持虚拟资本的权杖，也会走向虚无和没落。

　　您想知道"地球变暖"骗局的始作俑者吗？

　　您想知道"华盛顿共识"的"圈养主义"吗？

　　您想知道"世界人体支付芯片"与"金本位超主权货币"的关联吗？

　　您想知道华尔街集团如何生产"转基因食品"吗？

　　您想知道金融战役的终点吗？

　　历史不需要打扮和装潢，秉笔修史、唯传真相，请您赏读《金融刺客》九部曲的终章——**世界金融战役史！**

目 录

第一章

金融主义的基石与实现——转基因食品
与顺从的世界

一、金融主义的基石

（一）暴力金融主义的含义

从 1913 年开始，资本社会进入了**原始金融主义**历史阶段，布雷顿森林体系确立了美元世界的整体构想，马歇尔计划在西方各国初步实现了美元化，苏联金融战役肢解了苏联，让美元这个私有信用体系的怪胎，逐渐长大成为一个吞食一切的资本怪物。它拉着、拖着、诱骗着、强迫着人类社会进入了**债务金融主义**阶段，一切都是债务。货币本位骗局导致"法币理论"先天不足，因为"本位"的虚妄概念导致了本来是整个实体经济反映的虚拟货币符号，必须用"单一"概念描述，这就造成了世界性的信用紧缩，而必须从美联储、欧洲央行、国际货币基金组织、世界银行这些个罗思柴尔德家族建立并拥有的跨国金融皮包公司"取得信用"，同时确立了罗氏家族对世界各国的荒谬债权、实体经济的所有权、实体商品的占有权。

这一切就是金融战役，所谓的欧美独立央行无一不是罗思柴尔德家族的控股金融皮包公司，当我们一卷卷地赏读过"世界金融战役史"之后，就会发现这令人震惊的文字，不过是我们的昨天和现在——原始金融主义和债务金融主义。金融僭主为人类社会安排的"明天"，则是完美性、不可抗拒性、绝对可控性的高级金融主义阶段——其强迫性的控制策略和手段达到了艺术的高度，完美地达成了硬暴力与软暴力的统一，故也称为**暴力金融主义阶段**。

（二）"暴力"的本质

暴力是私有制社会中，强迫、诱骗、塑造有利于自身物质分配手段与策略的总和，这是广义财物转移机制的核心机制。暴力不是金融战役的目的，而是金融战役的手段。金融战役中的暴力，体现为理性利益的绝对化，而不只是控制欲的满足，金融僭主潜意识的根源在于此。金融战役中的暴力，追求的是暴力的目的，不是暴力的展示，它是私有制暴力的集大成者，暴力的胁迫、压服的本质不但没有变化，还衍生出了**软暴力**与**硬暴力**等多种形态，以适应不同的战役目的。

站在人类文明发展的历史高度，人们必须认识到：金融僭主本身也是未来可能出现的暴力金融主义的受害者，但现在却是执行者和推动者。金融战役有别于传统战争的本质就是金融资本虚拟经济的主导和软暴力的应用，而不论是虚拟经济，还是使人屈从的暴力，都必须作用于人的思想，目的在于控制，而资本社会的控制又走过了**绝对控制、相对控制、误导控制**，即将到来的**芯片控制**阶段（高科技控制阶段）是高级金融主义阶段的历史特征，是跨国金融僭主体系在资本凝结到一定程度后，其对完美控制的追求与对失去控制的恐惧的复合产物，是私有制孕育的历史怪胎。

资本凝结的终点是私有制的毁灭、自由民主精神的毁灭、人类文明的毁灭，这不值得大惊小怪，一个金融僭主家族用虚拟数字符号剥夺他人财产所有权的过程，不过是一场场金融战役。从来就不是市场经济——一个泯灭了"我国拥有、他国拥有，我们拥有、你们拥有，我拥有、你拥有"界限的跨国金融欺诈不过是打着市场经济的旗号，在泯灭和颠覆全球市场经济体系。广义社会控制体系与美联储、摩根财团、中情局在 2007 年跨大西洋彼尔德伯格年会上提出的全球人体芯片支付体系推广计划，是资本凝结对资本社会滋生的资本权力反馈效应的必然产物，是资本怪物本身逐渐强大而不成熟的**集群意识**，反过来操纵了资本拥有者的物理反馈，是物质世界物理量之间的客观互动，这一切争斗的本质是人性善恶之争、远见与短视之争、理智与贪婪之争。这一切矛盾也发生于金融僭主思想深处，这场终极较量的时代背景将是金融僭主社会的终极形态——金融奴隶制社会，特征是：

1. 世袭债务与债权。
2. 人体芯片支付体系。

（三）高科技手段对金融僭主家族以外一切生命形式的物理改变与尝试

如果人们的远见超越了私有制的樊篱，理智的力量挣脱了私有制的桎梏，人类社会将走入无比辉煌的社会主义，国有企业将成为生产力主体，私有制退居附属地位；如果人类无法合理摆脱自己制造的私有制，私有制也将在高级金融主义阶段彻底消失，因为资本凝结的终点是私有制的彻底瓦解，但社会主义公天下国有制与金融僭主家天下世袭私有制相比，前者有明天，后者没有；前者前进，后者倒退；前者走向自由、民主和繁荣，后者通向奴役、世袭和毁灭。

无论如何，笔者只想说：这一切由我们自己选择，我们有过选择的机会，不论结果如何，都是人类综合品质的结果，不需要后悔，历史老人的答卷，没有补考的机会，大自然母亲手拿着通向无限未来、无限空间、意识永生、能量存在与无限繁荣的金钥匙等待我们去拿，如果我们不去，仅仅为了一点蝇头私利而甘心成为跨国金融僭主家族的高级世袭奴隶，出卖他人和自己的自由与明天，她会继续等下去，不会主动塞到我们手上，宇宙无限、时空永恒，一个为了私有制而背弃未来、戕害同类、金融僭主世袭家天下的文明，只能是昙花一现。

图片说明：银河系，这是在无限宇宙中，一个瞬间形成，随后必将瞬间消失的物理存在，地球就在里面。私有制仅仅出现不过万年；恐龙距今不过几千万年；太阳目前正在绕着银河系飞快地运动，速度远远超过宇宙飞船，但一圈要耗时 2 亿年。宇宙并不是所谓的"大爆炸"的产物（这是客观唯心主义世界观，是用地球局部观测到的

无限小的已知宇宙，界定目前未观测到的无限大的未知宇宙本质属性的荒谬结论，是客观唯心主义世界观的产物），而是物理存在本身。比起无垠的宇宙，银河系不过是须臾微尘，私有制与人类文明的无限光明的未来相比，更加微不足道。我们不能决定物质世界的规律，但这个无限光明的未来能否出现，却完全由我们决定，选择吧。

二、美联储已经掌握了把人变成顺从奴隶的基因技术——

"D2 基因"

"毫无疑问，我们将能够影响行为。尽管从基因上控制人类成为奴隶并非对他们有利，**但是其他的变化可能是有益的。我们必须作出选择：对于个人而言，什么样的人生才是美好的。"**

——英国牛津大学伦理学教授瑟武列斯库

欧美大学体系，一直牢牢控制在金融资本手中，是金融战役高端学术控制的制高点与金融学术情报体系的源头。笔者与这位英国伦理学教授的观点截然不同，笔者浅陋以为：**无论用多么华丽的辞藻、无论用多么复杂的语言逻辑诱导，一个被从基因层面暴力改变而成为世袭奴隶的"人"，将丧失人的属性与一切，包括"美好的人生"。**

1. 弗洛伊德与美国国家精神健康研究所

人类社会，在德国老光照会成员弗洛伊德西格蒙德·弗洛伊德（Sigmund Freud，1856.5.6～1939.9.23）出现以前，并没有太多的精神病，发病率小于"1/10 万"。银行家豢养弗洛伊德，散布"一切行为都来自于性冲动"的荒谬论调，是一个金融僭主体制，广义社会控制体系的开始（虚拟经济学、社会控制论、个人行为优化论是金融战役的三大基石）。弗洛伊德本人就是罗思柴尔德家族的密友，是"路西法"的忠实信徒。他被德国警察追捕，不是因为他是犹太人，而是因为他利用心理控制蓄意制造"**医患依赖**"，长期"**赚取**"所谓"病人"的"精神咨询医疗费"。他的"精神病理论"的历史危害性和荒谬性大致有这样几点：

（1）弗洛伊德这位被捧为"现代精神病学之父"的"学者"，把人类社会的一切动机都简单地解释为潜意识的性冲动，这是以**庸俗世界观**进行洗脑的经典案例。在人类的进化中，性的动机客观存在，但远小于追求安全的动机、追求眼前生存的动机，性冲动在某些特定的条件下，会超越追求安全的动机，但整体来说，如同一个人为了追求眼前生存的动机，冒生命危险摘取悬崖上的果实一样，不是人类物种的主流社会行为选择模式。

这种所谓的"现代精神病学"建立在一个不真实的基础之上，不真实的荒谬成了"学术经理理论基础"，无人敢于挑战，技术上可以越做越先进，研究道路却真理与客观越来越远。

（2）弗洛伊德，这样一个光照会成员的谬论，被捧为"主流精神病学术"，起到了指鹿为马的恶劣作用，毒化了欧美精神病学术研究的风气，影响深远。

（3）弗洛伊德开创了一个服务于跨国金融僭主体制精神控制的社会控制体系。一个健康人，可以任意被解释为精神病化，精神病人的"伪发病率"空前提高，给不需要服药的健康人终生服药，金融僭主控制的跨国精神病学体系，可以任意指定某一个人是"精神疾病"，而剥夺其劳动与生活的权力。比如，美国历史学家兹拉·庞德（Ezra Pound，1885.10.30～1972.11.1），就被秘密逮捕，不经审判秘密囚禁在美国华盛顿伊丽莎白医院长达13年（有势者脱罪，刚直者图圄），目前绝大多数美联储史文献的来源，都是《美联储的秘密》这本严格注释的经典学术史料，实际上是兹拉先生与学术继承人美国学者莫林先生的联合学术论文（请参看"荷兰卷"）。

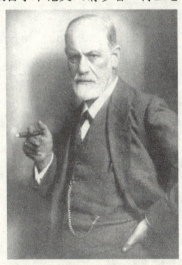

图片说明：德国光照会成员、罗思柴尔德家族的密友、大富豪、"石匠大师"，犹太医生西格蒙德·弗洛伊德。他有时被看做奥地利人，历史原因请参看"德国卷"。这是弗洛伊德1914年的照片。他本人透露，自己紧张压抑时有昏厥现象，对电话有强烈的"厌恶"，终生受"精神症状"的影响，不断地出现头疼、肠胃道疾病（可能就是"肠应激症"），大量吸烟缓解焦虑，罹患癌症去世前依然不断大量吸食雪茄。现代药理研

究证明，尼古丁可以减轻焦虑、提高注意力。这样一个"毕生受到精神因素困扰"的"医生"，竟然成了欧美"现代精神病学之父"，令人莞尔。

（4）弗洛伊德的"性冲动理论"狭隘化了人类进化史，否定了人类社会与动物世界的本质不同。人类社会的社会行为遗传主流不是基因遗传，一个没有任何血缘后代的历史巨人，其开创的社会模式、行为规范、教育内容、意识形态，都会塑造整个社会，乃至影响人类文明的发展趋势，这就彻底排除了性冲动基因遗传决定社会的可能。从石器时代开始，一个英明的部落领导者对部落后裔的动机、价值取向与行为模式的塑造，远大于他本人血缘带来的结果。这一切的根源，就是人类文明有别于动物世界的根本点——文明、学习、社会、善良，这一切动物世界不存在。

一本有影响力的书可以超越时空，影响人类社会与社会人的行为模式，这是动物世界不存在的社会现象，而人类社会用20%～30%的寿命去接受前人思想的塑造，甚至终生学习，这种影响远超过"生殖器与子宫"对人类的塑造与优选，这是不争的事实，却被弗洛伊德"人为忽略"。

弗洛伊德故意否定了这一切，用心"良苦"，十分荒谬。

（5）弗洛伊德和德国法兰克福老光照会的继承者罗思柴尔德家族开创了一个跨国秘密金融会道门，控制世界所谓"精神病"医疗研究体系的恶劣先例。

（6）弗洛伊德发明了一种"医患交流方式"，用心理诱导，不断揭开人们心头的伤痛，披着白衣天使的神圣外衣，制造一种交谈"性隐私"而带来的"医患依赖"，以此几个月、几年、十几年地控制一个所谓的"心理咨询患者"，索其隐私、刮其钱财、害人于心理控制，诈财于"荣耀"之巅，这种按分钟计费的高雅职业，聚敛财富和"学术材料"，深深地伤害和误导了一个又一个正常人，使之相信自己是"精神病人"，从而在"自毁的愉悦中"走向人格与社会信誉的毁灭。

（7）**精神药物常规化。**

（8）精神病学是一门重要的学科，心理研究也是社会科学与自然科学的交集，弗洛伊德的"性冲动理论"，扭曲了精神病学研究的正确方向，误导着学术的健康发展，阻碍了时代的进步。让欧美"精神病"科研体系，成了一个金融僭主体制统治社会的工具。

美国国家精神健康研究所，与美联储一样，不是美国的"国家科研机构"，而是老摩根（美联储股东）资助弗洛伊德建立的一个跨英美的"有关精神心理、人体生命的研究机构"，几经拆并，后期主要由洛克菲勒财团（美联储股东）负责，专门研究"人类的精神与心理"。

2. 华尔街金融寡头家族的分工

美国华尔街是开国时的军事情报首脑汉密尔顿建立的金融情报体系的核心，目前美国情报机构的最高指挥机构，不是"情报总局"和"白宫"，而是"承接"了汉密尔顿的华尔街曼哈顿公司指挥权的华尔街摩根财团——美联储的缔造者、美元体系的运营者、罗思柴尔德家族建立的代理银团。美国建国史，也就是英国苏格兰垄断金融资本集团与德国法兰克福犹太垄断金融资本集团的争霸史，他们都有胜利的可能，历史上的胜利者是罗氏为首的金融僭主家族。在这个金字塔尖之下，华尔街的四大犹太金融寡头家族与一些"老光照会体系"在幕后主导着欧美社会，乃至整个美元体系与欧元体系。

（1）摩根银团

摩根财团，罗氏建立，相当于欧美金融僭主体系的"影子内阁"，是美联储的控股者，是总管一切"整体性事务"的权力核心。比如，秘密招募各国高官与亲朋，促其建立"独立央行体制"，操纵各国的"独立央行"，并秘密控制各国货币发行权与央行运行。实际上，罗氏就是通过摩根财团对"国际清算银行"进行控股，国际清算银行被称作"央行的央行"，是一个跨国免税私有金融营利性机构，却通过秘密的央行行长年会（实际上要频繁得多），直接操控着欧美所有国家的"独立央行"。

（2）高盛银团

高盛银团（美联储股东），来源于罗氏的老光照会银团，世袭家族经理人，主要负责对世界各国战略产业进行控制和"影响"，比如，食品、饮用水等。

（3）布什家族

布什家族是欧美跨国垄断金融资本挑选和培养的、新一代的政府代理人，也是典型的华尔街银团，属于摩根系的分支，也控制着光照会分支"骷髅会"（有关骷髅会的巨大影响与人脉，请参看"英国卷"），也属于美联储金融情报体系。主要负责：情报、能源、"前台事务"，很类似于早期的"罗斯福家族"。

（4）洛克菲勒财团

洛克菲勒财团（美联储股东）是一个前台经理人型的财团，与高盛银

团、布什家族一样，在欧美金融僭主体制中，地位比摩根财团低，主要控制着一些"很显眼"的产业，比如，军工、出版、影视等。最为重要的是，洛克菲勒财团专门负责一个特殊的领域："心理控制"、"优生优育"、"人口控制"（减少第三世界人口）与"生命科学"（让僭主家族更聪明、更强壮，让普通人更顺从、更羸弱的基因工程研究就是其中之一）。"优生优育"的说法，就是洛克菲勒财团提出的，目的在于削减"无用的世界人口"。

（5）库恩公司与沃伯格家族等

库恩公司与沃伯格家族等都是美联储股东，很不显眼，知道的人也不多。但是，这两个老光照会体系是罗氏家族的"嫡系"，美国中情局就是库恩公司（Kuhn Loeb and Company，美联储世袭股东，沃伯格家族才是德裔犹太银行家族库恩财团的"合伙人"，很少有人关注的库恩家族是华尔街情报体系的巅峰，与摩根家族并列，但库恩是罗氏光照会嫡系情报机构，摩根则是罗氏银行代理人发展起来的金融情报机构，"二者互为制约"，摩根好比是僭主政治中的"内阁"，库恩则是"内廷"）建立的、两次世界大战的"功劳"离不开沃伯格家族，这两个老法兰克福光照会金融代理人家族，在梅耶•罗思柴尔德把古典光照会金融体系秘密攫取为家族财产时，就伴随左右的"老臣"。库恩公司是德国法兰克福老光照会金融资本集团从"帮会资产"向罗氏家族资产转移过程中的重要角色，不仅是罗氏建立的家族财团，还且是一个横跨欧美的金融情报机构，这个情报机构脱离了古典光照会的金融情报体系，是现代光照会金融情报体系的开创者，专门负责"情报事务"，是美联储体系最核心的部分，沃伯格财团与之类似，可能地位稍低。库恩和沃伯格这两个名字，很少出现在目前的媒体中，但他们是罗氏嫡系。主要负责：重点渗透、重点控制、重点突破和基础规划（中情局的三个缔造者：肯尼迪、杜勒斯兄弟，那时不过是库恩公司的"银行小职员"，影响深远，可见一斑）。

3. 美国国家精神健康研究所（NIMH）与美国国家健康研究院（NIH）

美国国家精神健康研究所（NIMH，"The National Institute of Mental Health"）是美国国立卫生研究院（NIH，"the National Institutes of Health"）的"下属机构"，美国国立卫生研究院接受美国联邦拨款，名义上是美国健康与生命服务部（有时被译为"美国卫生部"，很容易误解，"Department of Health and Human Services"）。这个神秘的美国国家健康研究院，不是美国国家机构，它与"美国健康与生命服务部"的关系名义是上下级，实际上是"纽约美联储"与"国会美联储委员会"之间的关系。"美国国家健康研究院"又是一个什么样的机构呢？

美国海军是共济会成员、美国开国财政支柱、罗思柴尔德家族的银行经理人、美国第一央行行长罗伯特·莫里斯在费城建立的一个银行武装，用于与苏格兰银团拥有的英国东印度公司进行海上对垒；美国海岸警卫队则是摩根财团借助"泰坦尼克号事件"建立的一个银行武装公司。这些武装目前都成了美国的"国家武装力量"，这就是金融僭主体制，也就是美联储体制牢牢把握美国一切权力的根本保障（美国军权至今主要控制在"海军系"将领手中，这与第一金融国家的情形非常类似，有关过程请参看"美国卷"）。从一开始，关于精神控制就是美国央行集团的核心关注点，相关的文献是美国的绝密，无法取得，还赋予了"Hygiene"一个新意（原意就是"卫生"，新意为"卫生学"），由央行集团控制的费城海上武装集团秘密运行，直到今天。

图片说明：纽约曼哈顿西南郊外海的斯塔藤岛，目前有不少机械、造船、炼油设施，但依然可以从图[左为示意图（左下灰白地域），右为比邻曼哈顿与斯塔藤的真实对比图]中看到斯塔藤岛与曼哈顿几乎是一个"不同的世界"。

尼德兰银行家亨利·哈德逊用玻璃球诈骗了纽约地区的地产，此后包括斯塔藤岛的纽约地区，一直是银行家族私人领地。19世纪前期，这个银行包围的纽约神秘小岛与繁华的纽约截然不同，仅有不到千人，19世纪末期斯塔藤岛的人口才达到2万人左右。在没有修建大桥之前，这个小岛极为封闭，1886年，银行家创立了《斯塔藤岛前进报》至今依然是该岛居民的首选报刊。这个小岛有151.5平方千米的陆地，却有着19世纪最神秘的**"海军卫生学研究室（Laboratory of Hygiene）"。**

岛上的居民谁也不知道这些"医生"在里面干什么？所谓的"军队机构"当然不会交给一支作战部队来"管理"，控制这类研究的一直就是华尔街情报体系，第二次世界大战后，则主要由美国军事情报分析小组演变而来的中情局负责（请参看"美国卷"罗思柴尔德家族组建中情局的过程）。实际上，这不是美国政府机构，而是一个神秘莫测的私人控制下的"医学实验室"，具有研究人的精神与身体为主的各种"医疗手段"。至于如何研究、"实验品"的来源与归宿、研究了什么"医疗手段"，至今全部是绝密，根本就没有留下任何档案，一片"空白"。

1887 年，这个神秘的机构才曝光；1891 年，"海军卫生学实验室"的总部搬到了华盛顿特区，"主要从事水及空气污染的各种检验"；1930 年，正式更名为"美国国家健康研究院"（"the National Institutes of Health"，NIH），1938 年"NIH"的总部又迁至马里兰州的贝塞斯达（Bethesda）；"1946 年，NIH 接管第二次世界大战时美国政府与各大学，医学院校的研究协议，并改为基金形式，作为政府代理对各大学，研究机构提供资助，从而确立了其在疾病与健康研究方面的重要地位。"（参考文献：陈吉球. NIH 危机. 国家科技成果网刊载：http://blog.tech110.net/batch.download.php?aid=6766）

"美国国家健康研究院"与下属机构"美国国家精神健康研究所"同时具有"私有"和"国立"两副面孔，与美联储一致，这是金融僭主体制一个特有的现象——"伪国有机构"，金融僭主家族的世袭权力与国家权力（人民赋予的社会公权力）混为一谈，不分你我，本质就是"金融僭主家天下"——"美国国家精神健康研究所（NIMH）"就是，"美国国家健康研究院（NIH）"的一个专门研究"精神健康"的神秘机构。

4. 美国国家精神健康研究所发现了制造完美奴隶的"顺从基因"D2

"这项在恒河猴身上展开的实验是由美国国家精神健康研究所的政府神经生物学家里士满领导的。通过操纵大脑中一种叫做"D2"的基因作用，科学家切断了猴子的行为动机和回报知觉之间的联系。猴子长时间任劳任怨地执行科学家给它们指派的任务，而忘记索取任何"报酬"。参与实验的科学家同时指出：人类也拥有同样的基因。"大多数人也都会被获得报酬的期望所激发，从而努力和认真地工作，不管这种报酬是一张薪水支票，还是一句赞扬之词。"里士满说，"在实验中，我们发现能够除去那种回报联系，并且建立起这样一种情形：重复而艰苦的工作能够在没有任何报酬的情况下继续。"里士满和其他科学家都承认，控制人类身体和精神特性的方法将很快被找到。这项技术将作为一种高利润的增值服务首先出现在试管婴儿领域。"（参考文献：人类奴性基因——D2 被发现. 人民网刊载：http://www.people.com.cn/GB/paper81/13652/1221842.html）

三、"D2 顺从基因"的实现途径浅析——食品途径

（一）什么是基因？什么是病毒？如何改变特定基因？

1. 什么是基因？

普通的《新华字典》后面，都有一个元素周期表，里面的各种元素，在原子层面构成了我们这个丰富多彩的世界。桌上的一碗米饭，或者几个馒头，与你我的身体，在原子层面没有任何的区别，在分子层面则具有本质的区别，但分子由原子构成。原子则由一系列更小的"基本粒子"构成，而基本粒子还可以无限的"分"下去……原因在于构成物质的内容是能量，一个有着相对稳定构架与场的能量团，就是"子"，越小越难以打破，越稳定。原子实际是由一种目前还没有发现的"绝对基本粒子"（当然这种所谓的"绝对基本粒子"也是由更微观的"粒子"构成），按照一定"量"构成，故此元素周期表是推测出来，而不是发现一个填写一个。

例 1：核爆炸很强烈，但对于属于"轻子"（基本粒子中"较轻"的一类）的光子，就不会被破坏。

例 2：炮弹爆炸威力很大，但在原子水平，则不会产生任何变化，化学爆炸仅仅是分子层面的变化，原子仅仅被重组。

人的头发假定有 1 毫米粗，原子大约是其 1/1 亿（不同原子大小也不同）。不同的原子构成了一个初始的物理结构，如果是一个构成生命体物理存在的基本组成部分，则这个由若干原子构成的物理构架就被称作细胞，里面包含一系列记录着细胞属性的原子结构，这是一个很小的精子和卵子能够孕育出"生命"的原因。

细胞，这个特殊的物理原子团，与木炭、水不同的根本差异在于可以复制，有脱氧核糖核酸（DNA，下简称"核酸"）决定自身遗传属性，两大生命属性，缺一不可。改变这些很小的核酸原子构架，就可以决定生命特征与属性。根据生命复杂的程度，"核酸"里面包含几百种到几十亿种，乃至更多的微小原子构架，这就是所谓的"基因密码"，其实并非密码，不过是人们尚不能全部理解，对人类是"密码"，对大自然

是"白话文"。

2. 什么是病毒？

常有人腰间皮肤有一圈发红、发炎，称为"缠腰龙"，很多人害怕，其实用硫黄一擦，太阳一晒，就行了，敷药包裹则会复合感染，这就是一些小虫子在皮肤上安家了。如果生物更小一些，类似人的细胞大小，就叫他细菌。比如，酸奶就是好的细菌在牛奶里活动的结果，而坏的细菌会导致人生病。如果这个微生物比细菌还小，没有构成细胞，不能独立生存和复制，但有独立的"核酸"，有自己的属性，这就是病毒。它们侵入人的细胞，寄生在细胞中，依靠人的细胞来复制自身，人的细胞就容易丧失功能或异常。

一粒大豆、一颗米粒、一个南瓜、一块牛肉、一块西瓜，都包含了蛋白质，这些有"活性"（属于一个生命物质的组成部分），这种正常的、经过大自然几十亿年筛选的蛋白，不具有传染性——蛋白颗粒。如果蛋白能够随意干扰细胞的核酸，则细胞构成会趋于失序，最终细胞体（生命）与这个蛋白（有自我复制特征的微小原子构架），会丧失遗传的可能，故此在大自然漫长的岁月中，留下的都是安全的蛋白，大豆、西瓜、牛肉、大米、南瓜里面的蛋白，都必然是无害的，这就是大自然的"双向筛选"——害"人"者害己、害"人"者消亡。

"致病性传染性活性蛋白微粒"，可以看成是"病毒"的一种，称为"**朊病毒**"。实际上与大自然一直存在的病毒有本质的不同，"朊病毒"没有核酸，没有"基因"，却能够渗透细胞，自我复制，改变细胞的基因结构，导致各种疾病或生命异变。

"朊病毒"突然出现在欧美的牛肉加工厂中，目前没有档案记录证据"证明"是转基因牛肉的结果，故此不予讨论。但目前明确发现的早期致病源就是欧美牛肉加工厂，被这种蛋白侵入的人体会导致细胞基因异变，尤其是脑部异变，被媒体称为"疯牛病"（羊，就是疯羊病，人感染就叫做"克·雅病"）。

这种"传染性活性蛋白微粒"不是病毒，与你我吃的大豆、大米、白面、牛肉、南瓜一样富含蛋白质构架，都是活性蛋白，却有着与大自然蛋白不同的特征：改变基因、自我复制。

所谓的"朊病毒"不是病毒，不过是一些可以自我复制的"活性蛋白分子链"，由于没有核酸（按照目前的科学概念，就是没有"基因"，实际又能自我复制，故此"机理不清、认识初步、一片空白"），人体的免疫机制，就无法确定这种蛋白分子链与大豆的蛋白分子链有什么区别，也就不会产生抗体，也就很难生产抵御的疫苗和药物——人们无法杀死没有识别特征的活性蛋白分子，唯一的办法就是彻底加热到蛋白活性彻底丧失。

问题是这种蛋白颗粒很小，实在太小了，小到不可能不在食具上沾染未经加热的部分。绝对的彻底加热，也是营养与口味无法接受的，事实也很难做到。比如，豆浆到不了 100 摄氏度就开锅了，目前销售的牛奶、啤酒，都是几十摄氏度的杀菌，普通厨房不可能彻底消除蛋白活性。换句话说，人们只能要求食品中不具有"致病性传染性活性蛋白微粒"，不能要求人们按照杀灭病毒的工业规范进行厨房烹饪，因为"致病性传染性活性蛋白微粒"，甚至可以通过皮肤进入人体——它们太小了，都可以从普通陶瓷碗空隙中跌落（医用陶瓷、医用玻璃它们钻不过去，但还需要负压装置与隔离装置，厨房不可能如此"大敌当前"）。

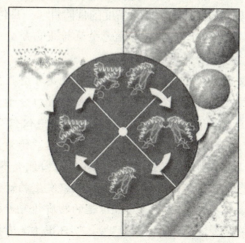

图片说明：

（1）图中"如弯曲毛线"一样的活性蛋白分子链，具有利用人体细胞自我复制（即"传染性"）的特征，连病毒具有的核酸，它们都没有，人体无法察觉。它们进入细胞，改变细胞，导致人异化或死亡，尤其作用于大脑神经细胞。

（2）原图有这样的注释："图示为 PrPc 分子（圆圈左侧）与 PrPSc 分子（圆圈右侧）相互作用，并转化为后者的循环过程。PrPSc 分子通过形成长纤维（右）的方式破坏正常的脑组织（左）"，（图片来源：朊病毒复制过程.中华人民共和国科学技术部·中国应急分析网刊载：http://www.ceas.org.cn/Photo/ShowPhoto.asp?PhotoID=1306，限于篇幅大小，本图有裁剪）

3. 如何改变特定基因?

（1）外部强力改变

通过辐射、用电磁力可以穿透人体细胞物理结构，用打乱的方式，强力改变构成基因原子团的排列，以此改变，但具有随机性和不可控性。

（2）单克隆抗体——病毒携带基因

用一个经过改造的不致病病毒，让它们携带可以治疗疾病的基因进入人体，侵入细胞后复制，替换致病基因段，以此治疗疾病，或进行基因秘密篡改，这种方法需要有一个病毒，且病毒有核酸，也就具有可以识别的特定基因信息，人体免疫机制会做出反应，且属于病毒性质，故此仅限于实验室。

（3）活性蛋白分子链——活性蛋白直接进入细胞，用携带的基因段替换预定替换的细胞基因，达成各种预定目的。人体不会做出任何免疫排斥反应，故此难点仅在基因工程本身和高度的危险性（一旦传开，不堪设想，永远也不会有针对没有特定核酸区分信息的活性蛋白质分子链本身的"疫苗"，我们的一切食物都有蛋白分子链）。

"第二，仅仅当突变异种的转基因被过度表达才会产生脑病变，而当突变异种的转基因在正常 PrP（笔者按：此处指蛋白分子）中被表达为单克隆基因时不会产生病变。第三，这种疾病的传染仅仅当转基因小鼠的 PrPres（笔者按：此处指"异常蛋白分子"，也就是"传染性活性蛋白分子链"）转基因达一定含量时才发生，正常的非转基因鼠类不会发生。因此，传染应归因于细胞因子或其他分子由病变脑组织发生的迁移，即由此导致的受体鼠中 PrPres 转基因表达上调。被传送的物质（笔者按：患病生物体内部的化学传递，与烹饪、消毒无关）也没有 BSE（笔者按：此处指"传染性活性蛋白分子链"导致的"疾病或症状"）致病因子的典犁特征，比如对热和烈性化学物质钝化作用的非同一般的抵抗力。为了解释对正常的鼠类中无传染性，有人提出在转基因过程中 PrP 的突变体形式（Lcu102，笔者按：原作者编号同其前面文字）阻碍了向正常鼠（Pro102，笔者按：原作者编号同其前面文字）的传染。尽管在理论上是说得通的，但是，**带有含亮氨酸（Lcu102）PrP 的人能向带有脯氨酸（Pro 102）的猴子和老鼠进行有效传染又反驳了该说法。**"

这段话来自美国国立卫生研究院永久性病毒研究室主任，布鲁斯·查斯布鲁（Bruce Chesebro）的论文。[参考文献："（美）布鲁斯·查斯布鲁著，李雪荣，赵晓峰编译.疯牛病和蛋白病毒·致病因子的不确定性.北京：国外科技动态.2002，5，总394"，原文结尾注释："原文发表于《Science》第279期，1998年1月2日。李雪荣，赵晓峰编译，杨池明教授校对，南开大学神经化学研究室"]，根据"美国国立卫生研究院永久性病毒研究室"的权威论文，可以得出如下初步结论：

（1）"美国国立卫生研究院"，也就是发现"顺从基因D2"的"美国国家精神健康研究所"的所属机构，有一个"永久性病毒研究室"，对"致命蛋白颗粒"改变人体基因的"单克隆效应"，有着深入系统的研究，水平在世界上遥遥领先。

（2）"传染性活性蛋白分子"在大脑内部的传递物质虽然并不具备如下特征，但存在于携带着"传染性活性蛋白分子"的食物，比如，牛肉、大豆、羊肉、大米，高温加热、化学处理，都很难"灭活"（使之失去对人体基因的篡改能力与自身传染能力），即"对热和烈性化学物质钝化作用的非同一般的抵抗力"。

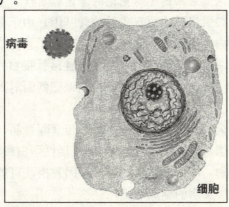

图片说明：为了介绍病毒入侵细胞、改变基因、复制自身的过程，这里借用了"获得性免疫缺损综合征"的病毒入侵细胞的图片。左面的小圆球是病毒，右面的整个物体是细胞，细胞中的圆球是包含基因的细胞核。病毒进入细胞后，会自动置换细胞核基因片段，把人体细胞改造为复制病毒的"工厂"和"傀儡"。"可传染性活性蛋白颗粒"虽然没有病毒的核酸，但物理侵入细胞，改变人体基因的过程类似。

（3）少量吃可能影响不大，长期食用具有"传染性活性蛋白分子"的食物，必然受到"显性影响"

（4）"美国国立卫生研究院"曾经将"传染性活性蛋白分子链""表达为单克隆基因"，通过观察"转基因小鼠"，发现这些"表达为单克隆基因"

时，"不会产生病变"，这是一个人类社会进行"传染性活性蛋白基因工程"的技术水平的指标。

（5）"这种疾病的传染仅仅当转基因小鼠的 PrPres（笔者按：此处指"异常蛋白分子"，也就是"传染性活性蛋白分子链"）转基因达一定含量时才发生，正常的非转基因鼠类不会发生"，也就是说，被诱发了转基因效应的生物会导致疾病，"非转基因鼠类"好一些。

（6）"传染性活性蛋白颗粒"具有基因工程可控性和选择性的远景。

（7）"传染性活性蛋白颗粒"可以在人、猴子、老鼠、牛、羊等之间传染，目前没有可治疗的药物，但随着研究的深入，大有希望。

（二）假如，请注意，是假如……

目前控制着我国大豆、稻种的欧美食品公司的转基因食品和转基因种子，不可能经过大自然几十亿年的"安全期验证"和"有害基因淘汰期"（也就不可能具有由此带来的无与伦比的基因稳定性、基因安全性、生物适应性），每 10 亿粒大米或大豆有 1 粒的转基因，由于各种因素，基因突变，人工转基因蛋白分子具有自我复制性（形成了"传染性活性蛋白分子链"，这与"克雅氏病"，即"疯牛病""传染性活性蛋白分子链"的突现有类似之处），概率哪怕仅有"1/10 亿"，人们该如何面对，将是一个还不知道答案的学术课题。

如果由于人为失误、机器故障等原因，转基因食品、转基因种子中因小概率偶然含有了携带"D2 顺从基因"的"活性蛋白颗粒"，对广义或特定对象进行了意外的、不引人察觉的隐性基因置换，可能导致一个民族、一个社会，乃至人类文明的戛然而止。

四、欧美食品工厂与转基因巨头

（一）四大转基因巨头：孟山都、陶氏、杜邦、先正达

1. **杜邦集团**

杜邦集团是罗氏拥有的法兰西银行的"二百大股东"之一（请参看"法国卷"），18 世纪末是罗思柴尔德家族的银行经理人家族，在美国专门负责从事军火买卖和生产，后转为研发生产化学武器，而美国的化学武器主要由华尔街·中情局构架秘密把持，到底干了什么，外人只能管中窥豹。

2. 陶氏集团

19 世纪末（1897），罗思柴尔德家族的华尔街代理人，也是美国金融情报体系的核心，摩根财团让赫伯特·亨利·道建立了陶氏化学，应对欧洲隐约出现的"化学"军备竞赛，也是美国军方化学武器的研发生产者。赫伯特·亨利·道出生于加拿大，到美国谋生显露出"管理才能"，也懂化学，就加入了俄亥俄州的共济会。准确地说，他不是一个化学家，而是金融家、情报专家和化学武器巨头的管理者，罗思柴尔德家族的产业经理人。

图片说明：（右）赫伯特·亨利·道（Herbert Henry Dow，1866～1930），陶氏集团创始人。（左）这是他秘密加入的"Phi Kappa Psi"组织，是一个共济会招募学者的兄弟会（希腊字母，寓意不详），该组织的人员密布美国军事、经济等领域。图案是"盾牌"，平放的共济会圆规中间的独眼发光者，就是共济会的崇拜物——光照者"路西法"（也就是魔鬼"撒旦"），秘仪标志就是玫瑰花，这是共济会的传统标志之一。费边社等早期英国金融情报机构，也采用暗红天鹅绒玫瑰花标志，也是颠覆社会主义国家的"玫瑰革命"、"天鹅绒革命"的历史来源（请参看"英国卷"、"日本卷"的有关内容）。

如果不了解美国开国秘密情报首脑，金融家汉密尔顿建立华尔街·财政部情报体制（财政部是美国情报内务机构，听命于华尔街汉密尔顿曼哈顿金融公司，后融入摩根财团，20 世纪才派生出联邦调查局和中情局），如果不了解华尔街罗氏库恩公司和光照会组建"军事战略情报小组"（中情局雏形），就不容易理解华尔街、华尔街化学武器巨头、美联储、美财政部、美国军方的体系构架（请参看"美国卷"）。

3. 孟山都集团（即"孟山集团"）

孟山集团是美联储股东华尔街洛克菲勒财团通过约翰·奎恩伊建立的一个秘密军事情报组织（1901），早期主要负责高度机密的"特殊军火"。

比如，化学武器、核武器钚的提取等，这都由"美国军事情报小组"，即后来的"战略情报总局"（中情局前身）负责，实际上洛克菲勒财团就是中情局的缔造者之一，双方人员交汇，不分你我，孟山都集团实际是一个典型的华尔街·中情局体系的化学武器研发生产集团，也负责核武器，是一个机密的军事情报机构。

"四家转基因巨头中有三家是美国跨国化学公司——孟山都、陶氏和杜邦。它们数十年来一直参与研发五角大楼绝密的生化武器。在越南播撒橙色剂、二恶英与多氯化联二苯。"[参考文献：（美）威廉·恩道尔著，赵刚等译.粮食危机.北京：知识产权出版社.2008]所谓的"橘剂"不是普通的"落叶剂"，而是化学武器，本来有许多受害者的照片，但感觉仅科教纪录片的文献图片，都"很难接受"，故此不予使用，化学武器之害，可见一斑。

4. 先正达集团

先正达集团的背景与前三家不完全一样，有一定的苏格兰银团的背景。欧洲垄断金融资本在武装银行"骑士团"被各国联手打击之后，经过复杂的演变，逐渐形成德国法兰克福犹太银团和英国苏格兰银团。瑞士央行（也是跨国银行家族建立并拥有的私人机构，请参看"英国卷"）的股东之一，嘉基家族（Geigy）的章汉·鲁道夫·嘉基（Johann Rudolf Geigy）在1758年建立了嘉基财团，后来几经演变，主要进行食品、药物、基因的"行当"。

但是，嘉基财团几经合并背景复杂，不如其他几个都是美联储股东拥有，据美国学者威廉·恩道尔先生的说法，嘉基集团也就是目前的先正达集团，是英国背景，虽然罗氏银团与苏格兰银团基本合流，但矛盾还是存在，英国的苏格兰场与美国联邦调查局等有苏格兰银团背景的情报机构，一直不算是华尔街嫡系，福特基金会也一直从属于摩根财团的卡耐基基金会、中情局光照会体系的肯尼迪学院、民主基金会和中情局·洛克菲勒体系的洛克菲勒基金会，虽然先正达集团也是美国生化武器的研发生产机构，但地位较低，不算罗思柴尔德家族的"嫡系"。

这"四大转基因"集团，用会道门、情报机构特有的"高效手段"，迅速垄断了欧美、拉丁美洲，乃至非洲的一切转基因种子与食品的供给，种过"抗杂草"转基因物种的土地，就从此依赖于美国华尔街金融情报集团每年高价提供的种子，这些作物，不生产种子，有的虽可产种，但退化低产或出现不可测的绝收，实际上等于不产种。他们销售的"农药"或"除草剂"使大自然病虫害、杂草与农作物之间的微生态被永久摧毁，如果不继续使用，就会减产乃至绝收。这种一次性的种子很贵，使用的地区和农民就成了华尔街的奴隶，世界各国的食品也就华尔街中情局体系的生化武器公司的转基因食品部门负责，这不是明天，而是昨天。

（二）四大粮商

"国家粮食局调控司副司长周冠华告诉我们，对进口大豆的高依赖，导致中国在大豆的定价方面早已经失去了发言资格，目前掌握全球粮食运销的是四家跨国公司，分别是 ADM、邦吉、嘉吉，以及路易达孚，在业内被称作四大粮商。"（参考文献：成本推动食用油涨价———一个真实的谎言. 新华网刊载：http://www.bj.xinhuanet.com/bjpd-xxfw/2009-12/14/content_18486996.htm）

（三）点滴

这些所谓的转基因巨头，实际上都是控股银团和一些秘密的实验室，是美联储体系的僭主家族企业。有关这些食品公司令人毛骨悚然的生产模式，请参看美国文献纪录片《食品公司》[参考文献：（美）罗伯特·肯纳等.食品公司（V，Food Inc）.美国：Magnolia Pictures 发行.2009]。

五、不同的视角、不同的未来

美国国家精神健康研究所的政府神经生物学家里士满说："控制人类身体和精神特性的方法将很快被找到。这项技术将作为一种高利润的增值服务首先出现在试管婴儿领域"。笔者认为从华尔街银行家的视角来说，让人类的后代变得"重复而艰苦的工作能够在没有任何报酬的情况下继续"，这无疑是高级金融主义的完美社会形态和无与伦比的"高利润增值服务"。但是，不论是高高兴兴地花钱去"接受这种服务"而出产的"人"，或是被转基因食品中的"自我复制蛋白分子"秘密替换了特定基因片段而进化的"人"，从这些"人"的视角来看，人类社会的道德、公正、良知、文明从此不复存在，也许还包括人类社会本身。

这些木讷的，也许还微笑着行走着、吃喝着、劳动着而永不要求薪水、永不抱怨、永远顺从、永不反抗、永不思考的"人"，仅仅是"一种看起来像人的东西"，每"创造"这样一个"东西"，就是杀了一个人，仅此而已。我们能做的仅仅是希望这一切还没有发生……

第二章

愉快与自豪的自我退化与非工业化——
"乐活"金融战役

一、"乐活"运动的神秘出现

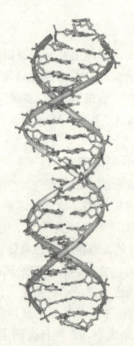

图片说明：脱氧核糖核酸的简单示意图，也就是"DNA"。不同的原子组合，如同摆在"书架"上的书籍，记录着不同的内容，也有不同的用处。不同的细胞内部，也包括病毒内部，都有这样一个"书架"，复制的时候如有改变，或者由"病毒"、"单克隆抗体"、"自我复制型活性蛋白"可以把一些基因，也就是"基因工程"赋予，让其"携带"的"书籍"秘密替换细胞中的某本"书"，就可秘密改变拥有这个"书架"

的细胞的遗传属性和功能，乃至影响一个生物、一个种族的属性与明天。用经过改造和强化的"顺从基因"替换人原有的基因段，就会让人不知不觉地变成"转基因工程实施者"的顺从奴隶。从金融战役学的角度，通过广义社会控制的系统工程，也可以部分实现类似目的，"乐活思潮"就是一例。

"乐活"（也称"低碳生活"）是突然出现的一个席卷全球的舆论攻势，欧美媒体不遗余力的制造"乐活"这个词汇，这种"高尚的"生活方式，这种"人类的未来"。

"乐活"被许多华丽的词藻包裹着，但又是一个有着严格内涵界定的模式与规范，其严格界定的个人生活"推荐首选模式"被称作"乐活"，而一个国家工业"推荐首选模式"则被称作**低碳**。一个按照"乐活"方式生存的人，大致有这样一些隐藏在文字背后的界定：

（1）不对雇佣方提出任何高要求，甚至出于"人类共同的利益"，积极献身免费工作。

（2）吃"回收食品"、穿"回收衣物"，如有可能喝山泉水、吃"回归大自然的食物"。

（3）不使用或减少使用会带来"工业污染"的现代工业品，用徒步替代交通工具、用声音替代手机，"美好的上古生活"是一个"完美归宿"。

（4）除了对不接受"乐活"的人，不接受**低碳**的政府可以站在绝对高尚的"保护地球"的环保道德高度进行任意批判之外，对一切矛盾和问题都采取"认知转换"，用微笑、乐观接受一切，顺从地生活，不主张思考矛盾与问题的本质，不主张利用主观能动性去改造世界，消除矛盾的根源，而采取对内改变自己的主观认识。这是早期摩根系的卡耐基基金会在第二次世界大战后炮制的"认知心理学"的产物。

强盗用刀扎了张三，张三不该抱怨和反抗，因为"抱怨"和"反抗"都是"暴力"与"消极"，张三"正确"的对待方法是努力改变自身的认知，让自己感觉"不疼"或"不严重"，轻易地通过切断主观与客观的本质联系，这样就可以生活在一个"美好的主观认知世界"中，以此达成"心理健康"。

这种通过"改变"认知，也就是自我破坏真实认知能力的心理暗示，达成的"美好世界"是虚幻的、"脱离客观现实"的产物，在**社会控制论**中，称为**"人为诱发型认知障碍"**（也是"非侵入性洗脑"的一种）。

（5）"爱"胜过一切，没有祖国、民族之分，这些"爱的组织"的成员也必须摒弃"爱国、爱民族"的"狭隘意识"，自愿接受"跨国大爱潮流"

的"引领"，由此成为一个脱离一切"工业物质诱惑"、"落后意识形态"、"狭隘疆界与文化"、"传统社会回报机制"干扰的"乐活族"，永远快乐，永远幸福地生活。

"乐活"的生活模式在欧美广为流行，却不是社会自发的产物，而是来自"洛哈思主义"。所谓的"洛哈思主义"，是"LOHAS"的音译，即"Lifestyles of Health and Sustainability"，翻译过来就是"健康和自给自足的生活模式"。

一个人是社会的人；一个人的生活是社会体系的组成部分，"自给自足"只有原始庄园经济、原始部落，可以在一个局部实现，但依然是社会生活。一个人不能又产桑麻成衣、又种粮食成食、又晒盐添味。在彼此紧密连接的现代工业社会，"自给自足"无疑是一个骗局，又如何成为"欧美社会的思潮"了呢？

二、"乐活"运动的神秘源头："完备伙伴公司"

（一）"完备伙伴公司"（Integral Partnerships, LLC）

图片说明：欧美"乐活"思潮的缔造者，（左）保罗·雷（Paul H.Ray），（右）雪莉·鲁斯·安德森（Sherry Ruth Anderson）。[文献来源：保罗与雪莉的传记（Paul and Sherry's Biographies）."乐活"网站：http://www.Culturalcreatives.org/bio.html]

1. 传播不等式

因为他们突然推动一个神秘莫测的"乐活"思潮席卷欧美，一些运动已经"有脱离文明生活的潜在趋势"。但他们却信息极少,二者出现了有趣的**"传播不等式"**(金融战役学中,对比现代流行事物的始作俑者与社会后果之信息比,如出现极度的不对等,比如同时出现"广泛普及化"与"难以溯源",则可确定有"幕后推动者"和"隐性目的")。故此作一些简单的图片分析:

(1)此照片背景并非是黑色的,而是经过特殊处理,可能为室内栽培的阔叶乔木(由于并不符合构图习惯,摄影用背景布的可能性较小),由于前景曝光充足,阔叶植被又需要充足阳光,故是出于某种原因,隐去背景。

(2)照片为两人同时拍摄,不是拼接,且常规观测保罗·雷似乎与雪莉没有看一个目标,经过大幅提高亮度与对比度后观测,可清晰看出他们瞳孔中的镜头曝光点一致。保罗·雷的双眼不自觉地偏向右下,瞳孔实际又对着前面的摄影者,可以看出他在一瞬间可能有潜意识闪避镜头的倾向。

(3)保罗·雷,特别是雪莉·鲁斯·安德森,她的笑属于典型的"职业微笑",如果遮住嘴和脸的下半部,上面的脸毫无笑意,而嘴的微笑又很充分,这可能与他们目前开办咨询公司的职业有关。一般来说,出现职业微笑的人,都是常接触陌生人或"半熟脸",有着丰富的社会经验,但又有一定保障的人,因为这种"模式"不是一朝一夕可以形成,这种"模式"所依托的职业,必然可以带来稳定的收入。

2. 名人?还是隐者?

保罗·雷被称作社会学家和雪莉·鲁斯·安德森被称作心理学家,他们到底是哪国人都神秘莫测。一个推动了如此巨大规模社会思潮的"先驱者"却是隐者,"乐活"、"低碳"尽人皆知,他们却成了"闪光灯下的隐身人"。一张公布的照片,如此宝贵,多了解一些"乐活"运动创始人的背景,对了解突然流行起来的"乐活"、"低碳"思潮的本质是有帮助的。

(二)"完备伙伴公司"(Integral Partnerships, LLC)与《文化创造:5000万人如何改变世界》

《文化创造:5000万人如何改变世界》这本书(参考文献:[美]保罗·雷,雪莉·鲁斯·安德森著,陈敬旻,赵亭殊等译.文化创造·5000人如何改变世界.中国台湾:相映文化.2008),1998年在欧美推出,整个的思想称作"乐活",但原始的译法应该是"文化创造(Cultural Creatives)"。

但是,这是一个咨询公司,"完备伙伴公司"的"出品"(笔者个人不

知道具体"完备伙伴公司"何时建立，仅从上下文感觉这本书是一个推广"公关业务"，因为里面列出了至少7个类似模式的"书籍"或"推广项目"，都是有客户雇佣完成，给人感觉这本书也与这些业务类似，"没什么不同"）。一般来说，写书不是一家营利性咨询公司的主要业务，"乐活"网站（www.culturalcreatives.org）里面有关的作者介绍，提到"给客户的策划，都很成功"，并提出："赞助者和客户"包括：弗兹基金会（Fetzer Institute，背景复杂）、思维科学基金会（Institute of Noetic Sciences）、"通用集团"（美联储股东洛克菲勒财团控制的军火巨头，是中情局的"重镇"，所谓"倒闭的通用"仅仅是"通用汽车"）、华尔街垄断金融资本拥有的《纽约时报》、"美国国家科学基金会"（The National Science Foundation，不是国家机构，而是大资本建立的"基金会"），也包括"加拿大政府"等。

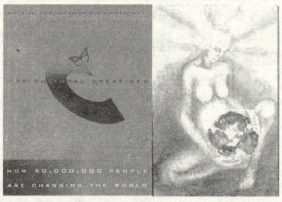

图片说明：

（左《《文化创造：5000万人如何改变世界》》The Cultural Creatives: How 50 Million People are Changing the World）的英文版封面，"文化"（Cultural）的首字母"C"如音符一样飞舞着，一只"蝴蝶"踏动"音符"的一端，暗喻通过引发文化"蝴蝶效应"改变世界。

（右）这是"乐活"网站（www.culturalcreatives.org），一个"人口缩减"概念的图片，故意把一个怀孕女性弄得很怪异，脑袋还辐射出黑白相间的"光束"，眼部还"黑乎乎"，乳房衰老下垂，以此暗示人类繁衍是"破坏环境的行为"。

保罗·雷是耶鲁大学人类学博士，与一些"北美禅宗组织"有关；雪莉·鲁斯·安德森有一段背景介绍："she was a consultant to the Medical Research Council of Canada and the National Institutes of Mental Health in the United States"，大意是：她曾经是加拿大医药研究协会和一个在美国

的国家精神健康研究所的顾问——"the National Institutes of Mental Health in the United States",这是不是"美国国家精神健康研究所"(NIMH,"The National Institute of Mental Health"),无法确定。

她毕业于多伦多大学,也与欧美一些"禅宗机构"关系很深(美国所谓的"禅宗"运动,不是宗教组织,而是一些背景复杂的"亚文化社团",早期是银行家集团用"亚文化"冲击、分化欧美正统文化的一种手段,与华尔街、共济会、情报机构关系密切,"乐活"运动的起点,恰恰就是"亚文化对美国社会的长期影响调查")。他们可能是加拿大人,也可能是美国人,都受过良好的教育。请记住他们:目前全世界"乐活思潮"上亿"乐活族"的始作俑者。

"乐活"运动的一切核心"理论基础"与"口号目标",都是防止"地球变暖导致人类灭亡",这一切是真实的未来,还是华尔街的金融战役呢?

三、《来自铁山的报告》

(一)《铁山报告》简介

《来自铁山的报告:和平到来时的对策》[参考文献:(美)罗纳德·莱威(Leonard C Lewin)整理. 铁山报告(M,Report From Iron Mountain: On The Possibility And Desirability Of Peace).美国纽约:戴尔出版公司.1967],不是小说,也不是谁写的学术专著,而是一份"由于复杂历史原因",被人为抛到公开场所的"美国核心权力集团"的秘密报告。这份报告大约完成于1963年以前,可能是20世纪50年代的产物,甚至更早——这份报告的抛出与古典共济会成员抛出《锡安长老会纪要》打击金融僭主家族攫取为私产的"现代共济会"一案,有异曲同工之妙。

这份报告有一种势力插手,背景复杂,但根据后来历史的发展与华尔街集团的决策来看,这份报告可信,即便对于今天,也"具有前瞻性意义"。

(二)《铁山报告》的具体内容

"铁山报告"是一个小组,在美国一个可能地质含铁量高的高级地下掩体中心(这个掩体的秘密代号叫做"铁山"),秘密进行的一个远期决策规划。原因在于,决策者认为美国内部的矛盾,一旦失去"明显的外部威胁",就会导致"体制崩溃",如何在和平(当时主要指冷战结束,苏联和

东欧社会主义国家的社会活性"被降低到零"之后）到来的时候，制造社会焦点、煽动社会矛盾、转移舆论视线、编造"不存在的外部威胁"，以此维持华尔街金融僭主的黑暗统治。

这份报告是一个社会系统工程的产物，是一份金融战役的选择性战略纲要（不一定都执行，但有多种选择方式）：

（1）虚假的外星敌人和虚假的空间探测项目

通过舆论、影视等，系统地塑造一个有敌意或不可测的外星敌人，凝聚社会注意力，使之脱离现实社会问题，并进行虚假的深空探险活动，以此拉动产业，制造美国政府的"财政黑洞"（增加对美国社会的债务控制）。

（2）控制全球的水、食物，秘密削减人口

①宣传"优生优育"，推广人口限制，制造社会老龄化，通过削弱社会活性来减少社会反抗。如果能让一个第三世界国家每个家庭少于两个孩子，则可让一个民族进入人口的负增长，这就等于增加了美国社会对全世界不可再生资源，如石油、铜、土地等有了巨大的广义收益（实际上是通过非战争手段削减他国人口，输出社会矛盾，缓和国内矛盾）。

②通过资本的力量，逐步控制世界各国的水、食物，在里面秘密添加一定的有效成分，逐渐减少"需缩减人群"的繁衍能力，减少人口总量。

这个政策就是"秘密绝育"，即《秘密绝育法案》。1913 年，美联储体系主导了美国之后，为了削弱社会反弹，就由洛克菲勒基金会推动"优生优育、人口削减"，这对于罗思柴尔德家族扶植的希特勒集团影响很大，"优生优育"不是纳粹德国的产物，纳粹德国的《绝育法》比美国晚得多，是仿效美国的产物，根源是美国早期的"优生学"。

华尔街利用舆论和控制的社会资源，随便指定某些人是"低能儿、罪犯、心理不健康者、不好基因的人、专家委员会批准的其他人"（即"非优生群体"），就秘密实施绝育。第一个《秘密绝育法案》由美联储股东洛克菲勒财团在印第安纳州通过，此后美国各州纷纷立法仿效。（"截至 20 世纪 70 年代，美国有至少 6.5 万人被实施了强制性绝育手术，其中有男也有女。而且，有成千上万人是在根本不知情的情况下被秘密绝育。这里面包括不少家境贫穷的人。因为他们被认为是基因不好或者是遗传不好才贫穷的，所以他们也就成了绝育的重点。北卡罗来纳州妇女伊莱恩·瑞迪克就是被秘密绝育者之一，她说："对于那曾经发生在我身上的事，我的心一直在流血，还将永远流血。"（参考文献：张春燕.上世纪美国 30 多个州 6.5 万人被强制秘密绝育. 新华网刊载: http://news.xinh Uanet.com/world/2005-5/17/content_2964381.htm, 原始来源: 美 6.5 万人曾遭强制绝育. 国务院妇女儿童工作委员会网站: http://www.nwccw.gov.cn/html/81/n-124781.html)

(3) 树立虚假敌人, 建立"管理一切的世界警察体系"

①秘密招募苏联和东欧社会主义阵营的关键人物, 推动金融私有化, 然后利用腐败官员贪婪的欲望结成"短暂的联盟", 推动实施仿照西方社会的军工体系乃至一切国有企业的私有化, 用跨国金融资本的代理人, "独立央行集团"和"银行家集团"秘密主导一切实体经济, 秘密控制苏联和东欧社会主义国家的武装机器, 架空苏联和东欧社会主义国家中央政府的管理权(名为"经变", 实为"政变", 所以苏联金融、军工私有化以后, 很快就崩溃了, 俄罗斯中央政府至今也无力约束"独立央行董事会", 即便是比较强势的普京政府也无力介入"独立的央行事务", 所谓的"军工国有"实际上是控制在跨国金融寡头集团手中, 目前连米格集团、导弹工厂、核技术工业集团都开始私有化, 这是俄罗斯社会著名"金融寡头体制"形成的历史原因, 也是金融战役的经典战例)。

此后, 树立一个具有世界影响力的"虚假敌人"(不能是一个太具体的敌人, 而是一个敌对概念, 比如, 疾病、贫困、恐怖主义组织、共产主义国家等), 通过华尔街控制下的代理人, 跨国组建一个拥有控制一切的能力、有合法授权、涉及一切领域、统一指挥的"世界警察组织", 实际上就是"世界货币、世界央行、世界政府"的翻版, 唯一不同的是强调先用资本秘密控制"枪杆子"。所谓的"世界警察", 实际上是用一个跨国武装情报机构架空各国国家机器。

②"基地"的命名与拉登家族

有关拉登家族与华尔街金融家族的亲密关系, 以及拉登与中情局的关系, 都不是秘密[请参看: (美)麦可·摩尔. 华氏 911 (V). 美国: Lions Gate Films. 2004), 这里探讨一下"基地"的命名。

从来就没有任何一个组织称自己是"基地组织", "基地组织"只是华尔街寡头拥有的跨大西洋媒体帝国反复重复的一个词汇, 这个命名大有来头。犹太作家艾萨克·阿西莫夫(1920.1.2~1992.4.6)出生于俄国, 后在一些"朋友"的帮助下移居美国, 他是"英国圆桌俱乐部"(是英国一个招募"高智商"人员的特殊跨国组织, 有时被直译为"门萨国际", 即"Mensa Intern

ational"，"Mensa"是"圆桌"，暗喻"圆桌骑士"，有关欧洲骑士团运动与银行家集团，请参看"德国卷"）。他的科幻小说属于"**软科幻**"（脱离现实理论基础的文学性展望），但目的在于探索"人类文明的发展趋势与控制策略"很有前瞻性，从这个意义上来说，阿莫西夫的小说，又属于"**硬科幻**"（现实理论基础的科学性展望），这个人影响巨大。

图片说明：艾萨克·阿西莫夫（Isaac Asimov），未来学家、作家。

美国情报机构招募一些作家，用硬科幻和未来学的模式，系统展望未来，以此探索控制社会的模式与了解社会的反弹力度。阿莫西夫提出了终结"第一宇宙"，也就是各国共存的形态，诱发"第一宇宙"崩溃，进入混乱，然后组建一个武装力量强大的"强权"〔具体顺序是：技术时代（用理性的外衣掩盖蒙昧宗教的实质，统治世界）、金钱时代（用金融资本的力量，顺我者昌，逆我者亡），他没有写完，就去世了〕，这个强权用在明的"统治机器"，再建立一个暗的"统治机器"（估计绝对不与明的武装"强权"联系，避免被其所知，小说中也描写了一些明的"强权""有所察觉"，但依然无法确定其存在，或隐约感觉是一个星际恐怖主义组织，是大系统的威胁）。

这个秘密组织就是"基地组织"，也提供了一个大控制体系内部的**悖逆选择**（请参看拙作《货币长城》），通过这种先让"第一宇宙"混乱，陷入蒙昧、原始与倒退，然后由明的武装"强权"和暗的"基地组织"来秘密操纵整个人类文明的进程，直到建立一个金钱和"新道德观念"控制下的"第二宇宙"。书中通过金钱与经济对"蒙昧地区"的"部落长老和子女"

进行渗透、招募、收买的人，被称作"推销员"。有关书中的"新道德观念"，也就是"第二宇宙"的"新道德观念"举两个例子：

① "机器人三原则"

a. 机器人不应伤害人类，而且不能忽视机器人伤害人类。

b. 机器人应遵守人类的命令，与第一条违背的命令除外。

c. 机器人应能保护自己，与第二条相抵触者除外。

阿莫西夫有关"基地"的描写，史称"基地系列"，非常著名。这部科幻巨著里面的机器人，只是一种暗喻，是从属于"上等人"的"下等人"。这些机器人与人发生关系、有背叛、有谎言，但都被植入了一种"阳电子控制芯片"直接作用于中枢神经，即小说中的"阳电子脑"。"人"则通过"植入芯片赋予的三原则"，控制、摧毁一切反抗，又能拥有"有灵性的奴隶"，"芯片植入控制大脑"是阿莫西夫未来世界的"幸福基石"，其本质与"文艺复兴"的目的一致，是高科技奴隶制社会。

② "人"的伦理消失

阿莫西夫文明观与弗洛伊德文明观有一点惊人的一致：把进步等同于兽化，比如，书中父女交配的情节，被解释为"一个男人和一个女人的正常需求"。银行家幕后操纵欧美同性恋运动，使之政治化，不是保护同性恋者的"人文主义关怀"，而是故意剥夺社会对其的**善意忽视**，使之对立化、显性化、孤立化，成为冲击和破坏欧美道德体系的马前卒，一桃杀二士。同样，阿莫西夫的未来世界，不是人性进步，而是倒退兽化；不是文明发展，而是社会解体，是一种心理诱导性的宗教末世论世界观，服务于金融僭主体制。

（三）《铁山报告》的趣事

① 真与假

《来自铁山的报告》1963 年被人透露给美国社会，华尔街与中情局立即介入，经过激烈的幕后较量，1967 年才以小说的形式出版，后来又衍生出许多版本。20 世纪 70 年代末，又实际被禁，主要靠"私下印版"流传，这与美联储股东沃伯格家族成员写的如何扶植希特勒集团的《西德尼·沃伯格》（1933）一样，目前流传的仅仅是网络电子版和 20 世纪末，"又被重新允许出版"的"新版"，此间孰真孰假，亦真亦幻，但从后期一系列历史事件与华尔街的"国策"来看，这本"小说"比美国政府公开的远景规划

真实得多，"三大决策选择"几乎全部变为现实（"铁山报告"流出的时候，欧美读者普遍不相信，感觉不可能，这说明人们的善良，而不是愚蠢）。

②肯尼迪遇刺

1963年11月22日，美国总统肯尼迪遇刺身亡。肯尼迪是罗思柴尔德家族的嫡系，库恩公司的少壮派，是家族金融情报人员，是"现代光照会"成员（美国开国者，美国总统，有几个被认为不是共济会成员，比如，林肯、肯尼迪都被认为不是共济会成员，他们都是光照会成员，欧美有些学者把这些统称为光明会，实际上现代光照会是核心，是跨国会道门，也是金融情报机构）。罗氏银行代理人"豪斯上校"去世后，他与杜勒斯兄弟一起建立了中情局（请参看"美国卷"）。

"铁山报告"的"小说部分"是约翰·窦教授（John Doe）在1963年8月被秘密召集到纽约繁华的哈德逊城区，在地下核弹掩体（"铁山掩体"），搞的一个研究报告，历时24～36个月。笔者认为，这份报告可能不是一次完成，而是一个系统工程，可能在20世纪60年代末的某个年头，被"决定"付诸实施。原因在于，如此系统的未来学研究两年时间太短，且"飞碟"之说是20世纪40年代，甚至更早就在美国开始流传。

有两种说法：铁山报告是肯尼迪家族为了"报仇"，故意泄露了华尔街这个"削减未来人口、控制人的精神"的"秘密计划"；或者是肯尼迪出于各种原因抛出这个报告，打击华尔街，因此被杀。这些说法，不见得是空穴来风，因为后期美国媒体抛出了许多绘声绘色的后人证言，把这件事情解释为苏格兰共济会33级石匠大师，联邦调查局局长胡佛联合一些黑帮、不满的中情局人员所为，至少他知情，而肯尼迪恰恰是德国法兰克福"光照会"体系的核心代理人，是中情局的缔造者之一，似乎很顺理成章。

但是，从"肯尼迪去世的受益者"和"受肯尼迪一些决策威胁的受害者"的角度去观察，甚至从华尔街控制的私人媒体帝国的"说法"，都隐约可以看出，此事与美联储股东，也就是罗氏财团有着千丝万缕的关系，胡佛顶多是一个"无作为"，恐怕他也只能"无作为"。

③目前，有人认为美国大学没有一个叫约翰·窦的教授，故此铁山报告不真实。这种考证精神值得赞赏，但从一开始就被误导了，"John Doe"在美国法律体系中，指"普通人，某人"的意思，以此隐去原名。名叫"约翰·窦"的美国社会学教授可能不存在，而我们正生活在"铁山报告"的历史影响中，这又千真万确——包括前华约东欧国家和北约西欧国家的"跨

国境警察组织"已经成立，这些国家的货币主权全部被罗思柴尔德家族主导，所谓的"欧洲央行"（主要由"法兰西银行"、"德意志银行"控股，这两个"独立央行"被罗氏拥有的过程，请参看"法国卷"与"德国卷"），国家主权已经模糊得看不见了，而跨国金融僭主家族的世袭特权，却如日中天。这一切在 1963 年不可想象，而没有一个系统工程来推动，强大的苏联和东欧社会主义国家如何会"凭空崩溃"呢？

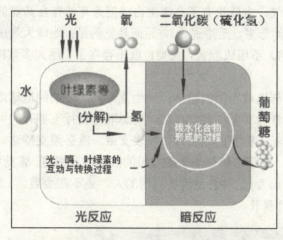

图片说明：光合作用简要示意图。这是一个复杂的化学反应，但在原子层面则是一个物理反应。没有二氧化碳就没有光合作用，一切食物，包括植物和动物就消失了（包括人类自身）。"硫化氢"也参与一些植物光合作用，同样是"消耗品"。没有二氧化碳就没有氧气，我们就无法呼吸。侏罗纪生物大爆炸的原因就在于，地球上的植物（藻类和蕨类）突然有了大量可供光合作用的二氧化碳，迅速制造了大量的氧气，高级生命迅速出现。植物夜间也会消耗一些氧气，但整体为"氧发生器"。我们说：如果植物是万物之本、二氧化碳就是"氧发生器"的原材料。侏罗纪突然出现的二氧化碳和硫化氢，可能来自剧烈的火山活动（仅为笔者个人看法，至今说法不一）。

四、"地球变暖"与"碳交易所"的秘密

（一）"温室效应"的学术骗局

1. 弥天大谎

地球从整体来说是"太冷"，而不是"太暖"。二氧化碳不但不可怕，还是地球生态重要的资源，没有二氧化碳，大多数光合作用将趋于崩溃。

一些欧美科学家总爱举例"金星"。金星温度很高,能达到几百摄氏度(400～500摄氏度),因为金星97%是二氧化碳,就说地球也会变成金星,最后"地壳热化了"(请参看好莱坞伪科学电影《2012》)。实际原因在于,金星的大气压力是地球的90倍,有一层20～30公里的浓硫酸云层永远覆盖星体,产生了"温室效应"。90倍于地球的大气压、浓硫酸云和雨(不是"酸雨"是倾泻的浓硫酸雨滴),植物无法生存,也就没有光合作用,二氧化碳丰富,但无法变成氧气,也就没有了高级生命(因为可能存在某些低级的原始活性蛋白,但条件恶劣,无法进化)。显而易见的是:地球大气压力如果增加到目前的90倍,不用硫酸云,人类也就不存在了,绝大多数植物,甚至会全部消失。

一个完全与地球不同的星体,一个荒谬的"可怕的地球未来"就这样出现了,西方学者和学生要想评奖,要想取得银行家拥有的大学职务,要想在银行家族私人拥有的社会媒体发表文章,就必须支持这一观点。一些有良知的学者,也不理解这场金融战役的破坏性和终点,感觉"保护环境","小谎无碍大局",这种善良而被利用的人,还不在少数。

2. 真实的现状

图片说明:

(左上)为美联社在"9.11事件"后公布的"魔鬼现身"的新闻照片(参考文献:照片中为何有魔鬼的脸·科学手段帮你验明真像.新华网刊载:http://news.xinhuanet.com/st/2006-05/05/content_4494635.htm),据说美联社副总裁兼照片总编辑阿拉比素强调:"美联社有明文规定,严禁以任何形式修改照片内容。"(左下)"CNN"现场录制的"魔鬼在火焰中"的录像截图;(中)网络中流传的"现场个人拍摄的魔鬼显形照片";（右）一个国籍不祥的"环保讲师"迈克尔·诺兰 2009 年拍摄到的"冰川哭泣"的新闻照片（参考文献：摄影师拍到冰盖融化形成的"哭泣的脸". 新华网刊载：http://news.xinhuanet.com/photo/2009-09/03/content_11989083.htm）。

被炒得火热的"万恶之首"，根本不会在地球产生任何"温室效应"，因为地球空气密度是金星的 1%，对流极快。这好比一锅浓浓的肉汤加热，放在屋外也久久不凉，如果持续加热，就会类似火星那样变得很烫。但是，打开炉火，永远也无法把能对流的空气加热到浓汤一样热。原因在于：加热很容易，但地球的空气不是火星的"浓 90 倍的空气肉汤"，一热就向上散去。米格 25 史称"双三"，即可达"高度 3 万米，速度 3 倍音速"，每上升 1000 米，温度降低 6 摄氏度，热空气到这里，被无限宽广而又接近绝对零度的宇宙空间"冷却"。

笔者按：火焰是空气动力学的产物，非线性因素居多，如此多的"魔鬼"，且来自现场诸多角度的新闻照片，构图艺术风格一致，非人工描绘的可能性几乎为零。笔者不知道在世界各国活动的"环保讲师"由谁支付工资，但这张有女性特征的冰川哭泣图片，是一个熟练动画师 1 天的辛勤工作（如果由笔者这个外行来制作，效果会差得多，但原理一样），而不单纯是拍摄的结果。

传统物理观点认为，这是热辐射导致的"散热"，笔者认为"真空"不空，是由未知物质形态构成，但依然可将大气热量"发散"，不论如何，宇宙空间大约是零下 270.15 摄氏度，即约绝对温度 3 度（宇宙"背景温度"大抵如此，绝对零度下已知元素都是超导体，故此"电磁能量"传导效果优异），地球就放在这个"头号冰柜"里面，被不断抽走热量——这就是被西方科学界"忘记"的"空气对流"。有一句谚语："针眼儿大的窟窿，斗大的风"，这是说北京冬天的物理现象。只要窗户有一个"针眼大"的窟窿，风就很大，裁减一个小纸条放在那里，可以看见被吹动。这是海平面到海拔 5000 米的温差，也就是**对流强度**（本质是一种物理压强），这个力量很大，可以把热气球连人带上天。5000 米与米格 25 飞行的 3 万米，温差就更大了；而 3 万米与宇宙基本温度，又差得更多。

可怕的现实不是煤炭、石油、天然气太多，由此产生的二氧化碳太多，而是煤炭、石油、天然气即将耗尽，也就几十年时间而已，然后化石燃料所缔造的二氧化碳将突然消失。这就是银行家炮制"铁山报告"的直接原因——地球即将"变冷"，而不是"变暖"，更险恶的目的还不在于此。

3. 几个"替代骗局"消失的原因

① "臭氧层消失"

a. "环保骗局"是以"臭氧层消失"为"主题",后来华尔街发现,这不足以制造全球非工业化进程,胶水可以不用、氟利昂可以不用,无法彻底破坏世界经济。

b. "臭氧层消失"没能直接遏止住让世界各国实体经济和社会构架迅速崩溃的咽喉——能源供给与粮食供给,故此就逐渐"谈得少了"。

② "地球变冷"

曾几何时?华尔街豢养的家族媒体和"学者们"提出,世界会由于核战争、污染物排放,导致阳光射入总量减少,而逐渐趋于"地球变冷"(比较著名的学术骗局就是"核冬天"理论)。很显然,这个180度大转弯的说法,由于人们的忘记,并没有让"学者们"脸上发烧——因为,善良的人们因为宽容而易忘,"学者们"才能随着华尔街的美元指挥棒,一会儿说东,一会儿说西。在学术道德的天平上,跳着欢快的舞蹈,同时用嘴衔住飞来的每一块金币,金钱的方向与"真理"的方向得以完美统一,是美元世界与金融主义历史阶段的一大奇观。

第三章

"气候变暖"、"粮食"与"人口"

一、"地球变暖骗局"的历史危害性，简评"铁山环境
金融战役"

(一)"两难题"掩盖下的"末世论"社会心理控制工程

"铁山环境金融战役"故意给人类社会灌输了一种似乎"可解决"，而
"不解决"则人类必然毁灭的前景。其解决方案是减少人口与非工业化进
程，如果一个第三世界国家做了，结果就是真的步入"末世"，自我戕害。
从社会控制论的角度来说，会让社会舆论趋于偏执、悲观，影响各国领导
层的决策，增加广义决策误差，使之"更驯服、更易管理"。《2012》这种
背景复杂的电影，就宣扬了一种典型的宗教"方舟"末世论（"诺亚方舟"
这个词汇，绝不能跟着华尔街起舞，这个词汇的深层次含义是杀死所有"非
优生人口"和"神认为有罪的人"）。

有些读者不一定关注，现代物理学家很多都宣扬一种"宇宙大爆炸"
理论，这无疑是骗局，因为我们观测的宇宙仅仅是"无限大中的无限小"，
也就是说"已经可观测的无限小空间"无论如何演变，都无以得出所谓"宇
宙创造"与否的整体结论（摸到大象的尾巴，就认为大象与蛇一样细长，
这就是"局部代替整体"的瞎子摸象，古人明之，今人已忘），但这个"宇
宙大爆炸"（"宗教创世论"）的背后是"宇宙崩塌论"（"宗教末世论"），阿
莫西夫的未来世界中，有一个著名的场景：一个宇宙的"绝对精神"来到
这里，说"我要光、空间与时间！"就有了能量和宇宙，这就是西方客观唯
心主义世界观（我国古典宗教也属于客观唯心，但均无末世论之说，讲"天
人合一、大道自然"）。欧洲物理学家的这些"世界观研讨会"的组织者，
都是"宗教组织"，仅此而已。

（二）非工业化进程的金融战效应

华尔街媒体的华丽辞藻，不能掩盖金融战役的实质，工业化的进程必然伴随能源消耗的增加，不可能有"减排"之说，尤其对于尚处于农业国阶段的发展中国家，如果"减排"则等同于终止工业化进程，如同一列飞速前进的工业化列车，前面抽去"能源铁轨"、拆去"原材料路基"，那么不仅无法在文明前进中解决问题，甚至无力倒退，而让发展的列车毁于"失业烈火"和"刚性复合矛盾"，这就是华尔街真正要达到的目的——华尔街媒体脱离实际，蓄意站在一个伪善的高度，金融僭主用私有信用符号拥有着"绝对不产生任何污染"（也不产生任何实体商品）世界的"虚拟经济"，以此对"绝不可能不产生排放物"的实体经济，进行战略钳制和系统破坏，这不仅仅是一个"国与国"、"富与穷"的关系，而是金融僭主体制出于家族一己之私利，对人类文明进程的系统戕害，如有不察，后果不堪设想。

（三）金融奴役体制与"碳交易所"

1. 金融主义

金融主义建立在资本主义之上，是资本主义的高级阶段，但由于金融主义是资本极度凝结的产物，垄断性的资本凝结，不仅缔造了跨国垄断金融资本世家，也破坏了私有制赖以生存的生产关系基石，金融主义就逐渐从资本社会退回了奴隶社会。

2. "碳交易所"

也包括各种"买卖排放物的交易所"和形形色色的"环保本位理论"，都是由美元、欧元虚拟经济，也就是发行这些私有信用符号的金融僭主家族操纵实体经济的一个广义财富转移机制。人类社会赖以生存的实体经济，作为被剥夺者却成了"谴责对象"，破坏人类社会的华尔街金融寡头，不断剥夺和享用着最多实体商品和财富的剥夺者，却成了"道德山峰上的吹鼓手"。这个颠倒黑白的世界新秩序，将给人类社会带来一次浩劫，是"世界政府"也就是"世袭僭主统治世界"的序曲。

"买卖数字"，不论是黄金、石油、"碳排放物"，都是虚拟的数字符号，都是在买卖美元、欧元等私有信用数额本身，是一场史无前例，却又毫无新意的金融战役。从此，永远不劳动，也就永远不产生"碳排放污染"、永远剥夺他人财富的"华尔街剥夺者"，将永远奴役拼命劳动也就必然永远产生"碳排放物"、永远被剥夺的世界各国，乃至一切阶层，一切人。

一句话：**一切实体经济的狭义拥有者和劳动者都将是金融僭主家族的世袭奴隶，生产财富、交出财富换取"碳排放符号"，即变相的美元信用符号，唯一不同的就是多了永远的谴责与罪名**——这就是"碳本位"的秘密。

（四）华尔街对世界不可再生资源与世界实体经济广义所有权的"最后一夺"

目前，全世界的不可再生资源，全部由控制着美元体制、欧元体制的罗思柴尔德家族广义拥有，但从广义拥有到狭义拥有要借助"桥梁效应"（请参看《货币长城》），美元广义回流机制由于滥发而趋于失序；欧元广义回流机制除了面临美元的两难困境（滥发则获利，但滥发又会崩溃）之外，被欧美捆绑在两大货币体系上的利益集团还没有协调好；在世界货币建立之前的"不稳定时期"，金融僭主需要一个可以付出，又立刻会回来的私有信用符号"代用品"，且以此为"本位"，直接骗取各国的不可再生资源，这就是"环保本位骗局"。

中国实体经济的主体，尤其是出口商品的主体，是欧美转移到中国的实体经济，利用中国廉价的劳动力和土地、环境、免税政策等，不仅全面占领中国市场，还能够为本国提供物美价廉的实体商品。我国仅仅得到了一个很好看的统计数字，比如"品牌电脑"，不论是软件系列的操作系统、编程软件、办公套件、数据库软件，还是硬件系列的中央处理器、内存颗粒、闪存颗粒，都是欧美产品，我们不过是欧美商品的销售商。

这些工厂即便设立在中国，虽然产值计算在中国，但与中国实体经济关系不大，其在中国的销售额，就是中国的**隐性贸易逆差**；其在中国工业体系中份额的增大，就是中国工业体系的缩小，污染物、能源消耗却主要在中国，根据"碳排放协议"，中国需要付出天文数字的巨额款项去向欧美这些赚着中国钱、享用着中国劳动者生产的实体商品的国家，实际上还不是"欧美国家"，而是"华尔街出售碳排放量许可证的碳交易商"，购买"碳排放的虚拟份额数字"，后果可想而知。

（五）广义选择机制

"碳排放"无疑会阻碍甚至摧毁各国，尤其是第三世界国家的工业化进程，各国在这个问题上，必然会有不同的反应，这是华尔街集团挑选广

义代理人的一个机会，是服务于"世界政府、世界货币、世界央行"理论的人事准备，是金融战役学中"广义选择机制"的一次完美展现。

（六）有效减少世界粮食供给，制造饥荒，减少世界人口

战争的手段是杀死对手，夺取利益，金融战役同样可以做到，还不用枪炮，文质彬彬地劝说对手自我戕害。"铁山金融战役"对粮食供给与人口的战役效果大致如下：

1. 减少耕地面积、减少降雨、维系地缘既得政治利益

气候变暖，如果真的导致南北极变成海洋，不仅会让美国目前扼守的海上战略要冲的作用下降，还会导致水汽蒸发旺盛，这对于长期受干旱之苦的"薄田"利莫大焉。俄罗斯、加拿大，我国北方平原很多地区因为比较冷，蔬菜、粮食等种植成本较高（比如需要使用大棚），而且产量较低。比如水稻，秦岭、淮河以北也就是一季稻（虽然味道比较好）；比较热的南方地区可以"一年两熟"，热带甚至可以"一年三熟"。如果北冰洋成了丰美的渔场，俄罗斯、中国、加拿大凭空就多了上千万平方千米的耕地，世界粮食产量、饲料产量就会丰足，美元体系用粮食匮乏制造的非洲等不发达国家的持久饥荒，大规模减少"非优生人口"的金融战目标就无法达成。世界各国的经济会由于海运便利、农产品基础坚实、淡水供给充沛，而迅速繁荣起来，这会导致蓄意制造世界的动荡和不安，然后趁机建立"世界政府、世界央行、世界货币"的铁山金融战役路线图，失去了实施的客观基础，金融僭主家族世袭统治全人类的美梦，就有成为泡影的可能。

有"学者"说"荷兰"和"威尼斯"会被淹没，有关银行家为什么在"威尼斯低地"和"荷兰"（尼德兰，意思就是"低于海面的洼地"）建立金融国家城市的历史原因，请参看"荷兰卷"、"威尼斯卷"，这些古代城市建立伊始，就是看中这些地方低于海平面，目的在于航运、防盗与海上劫掠的便利，后期筑坝，根本无所谓高一米，低一米，这个地方本身就比海平面低，实际上就是把城市建在了海里，这与地球变暖无关，这些城市无惧海水上涨，早期建筑就把桩子打入海底，目前有钢筋混凝土技术，筑坝并不难，也坚固得多，还很廉价，起码与"工业化进程无关"。

2. "地球变暖"的背景文献

（1）"20世纪80年代相对于70年代水稻单产增加了30.6%，其中由气候变暖带来的增产量占实际增产量的12.8%～16.1%，相当于使70年代的

单产增加 3.9%～4.9%。20 世纪 90 年代水稻单产较 80 年代增产 42.7%,其中,气候变暖对单产增加的贡献率约为 23.2%～28.8%, 相当于在 20 世纪 80 年代的单产水平上增产 9.9%～12.3%。"[参考文献:"方修琦, 王媛, 徐锬, 云雅如. 近 20 年气候变暖对黑龙江省水稻增产的贡献. 北京: 地理学报(中国科学院地理科学与资源研究所). 2004, 6", 笔者按: 黑龙江省是中国北方比较寒冷的产粮地区]

(2)"美国广播公司(ABC)网站 2006 年 12 月 13 日报道说,联合国粮农组织(FAO)公布了一份名为《家畜的长期影响》的调查报告,报告说:"导致全球环境恶化的最主要因素有 2～3 个,家畜是其中之一。"报告说,牛需要反刍,在反刍和打嗝的过程中,牛会排出甲烷(沼气),此外, 它们排出的粪便中含有一氧化二氮和氨气。报告认为, 牛排放的这些化学物质对环境有不容忽视的破坏作用。甲烷在空气中的含量虽然比二氧化碳少, 但是它引起气温升高的效力却是后者的 23 倍。报告据此推算说,全球温室气体排放量的 18% 来自家畜。"(参考文献: 报告称牛打嗝反刍加速全球气候变暖. 新华网刊载: http://www. gzkj.gov.cn/kjxx/ newsDetail. jsp?infoId=71092)

(3)"西方科学家又将矛头指向亚洲的米农,称他们种植的水稻田全天候排放着比二氧化碳还要厉害的温室气体。'如果你在稻田中穿行, 你可以发现水稻田的水里一直冒着大量的泡泡,它们中大多数是甲烷,'国际水稻研究所生物研究员赖纳·瓦斯曼说。瓦斯曼统计, 全球温室气体排放量中, 甲烷至少占 20%,而甲烷排放中, 有一半来自稻米种植,另一半来自垃圾分解以及反刍类动物。"(参考文献: 控制变暖要少种少吃大米. 新华网刊载: http://env.people.com.cn/GB/10532952.html)

如果我们停止稻米生产(包括绝大多数谷物和饲料),停止饲养"反刍类动物"(比如, 牛),全世界将出现全面的饥荒,人口将被"有效"地减少, 人类文明也就终结了。但是, 这一切却建立在一场维系金融战役和金融僭主家族世袭特权的目的之上,这就是私有制的终点。

3. "制造灾难、削减人口"的学术渊源

(1)"马尔萨斯论"与内森·罗思柴尔德

光照会会员托马斯·罗伯特·马尔萨斯(Thomas Robert Malthus, 1766～1834)被人描写为光照会会员,犹太证券交易商、银行家大卫·李嘉图(David Ricardo, 1772～1823)的"学术对手", 实际上他们两人都是英国现代光照

会首脑内森·罗思柴尔德的学术吹鼓手。马尔萨斯被描述为一个贫寒的、有才华的学者，这是谎言，因为他富可敌国，连威廉·皮特（William Pitt, 1st Earl of Chatham，1708～1778，梅耶·罗思柴尔德银行经理人，银行家"钻石皮特"之孙）都拜他为恩师，才得以荣登首相"宝座"（实际上是"石匠的学徒"，跨国金融情报组织对英国政治层的渗透）。

犹太银行家大卫·李嘉图是内森·罗思柴尔德金融集团的证券经理人，后被扶植进入英国议会，被捧为经济学家。马尔萨斯的学说被称作"马尔萨斯人口论"，虽在银行家的推动下"影响深远"，但即便是在英国也被人厌恶，故此大卫·李嘉图伪装成"学术之争"，在著作中引用马尔萨斯的"谬论"，假意批驳，实为传播，达200页（这不是书籍翻版，又是什么？）。"马尔萨斯论"的核心在于：通过系统制造战争、引发社会暴力犯罪（特指暴力谋杀）、推动大规模同性恋运动、撒播疾病、大规模杀死婴儿、系统诱骗和强迫"非优生人群"去除繁衍能力、制造饥荒、制造失业、增加社会事故发生率等。尤其要注意一点：马尔萨斯人口论不是针对全体人，而是特指劳动者、中低收入者等"非优生人口"，即美国《绝育法》中的"非优生人口"和纳粹绝育法中的"劣等种族"是一回事。

内森·罗思柴尔德等主导的英国东印度公司，下属"英国东印度公司学院"一直不遗余力地捧马尔萨斯，他与共济会兄弟达尔文的"自然论"是"自然神论"，的确反对"上帝创造人类"，但并非真的反对宗教蒙昧，而是宣扬"自然神"，也就是"自然神路西法"是"世界的创造者"，这是被后人忽略的一个原则问题。

（2）"马尔萨斯人口论"的罪恶与野蛮

恩格斯曾经深刻地指出："他们创造了马尔萨斯人口论来对抗这种伪善的博爱，这种学说是过去一切学说中最粗暴最野蛮的一种学说，一种绝望的学说，它玷污了关于仁爱和世界公民的一切美妙言词；这些前提创造了并发展了工厂制和现代的奴隶制，这种奴隶制就它的不人道和残酷性来说并不亚于古代的奴隶制。"［参考文献：恩格斯.政治经济学批判大纲.马克思，恩格斯著，中共中央马克思恩格斯列宁斯大林著作编译局译.马克思恩格斯全集（第1卷，598页）.北京.人民出版社.1956～1985，第1版］

马尔萨斯本人不仅不贫寒，还属于共济会家族，出生三周共济会会员卢梭、休谟就给他"祝福"。他的爷爷塞德汉姆·马尔萨斯，不仅是大银行家、大金融投机商，还成为英国财政部高官、南海公司董事。马尔萨斯本人和家族罹患一种面部畸形的遗传病。他一直很压抑，发表的这些"消灭同类"的"理论"，被内森·罗思柴尔德家族利用至今，他成了"英国东印度公司"的"政治经济学教授"。1804 年结婚前整形，有三个孩子。可如果按照马尔萨斯的理论，他和他的家族都是有遗传病的"非优生人口"，必须消灭，这是很讽刺而又很真实的历史。

图片说明：（左）托马斯·马尔萨斯（1766～1834），英国现代光照会成员，银行世家、英国财政部高官家庭出身，"英国东印度公司学院"的"教授"（罗氏家族的秘密学术代言人，表面与李嘉图"打笔仗"，以此相互传名）、李嘉图的密友与"兄弟"（图中为"写意"绘画，他由于遗传面部畸形，虽手术整形，但一直拒绝画像，至今容貌不详）；（中）内森·罗思柴尔德，老梅耶的僭主继承人，犹太银行家，德国现代光照会英国分部首脑；（右）大卫·李嘉图（1772～1823），英国现代光照会成员，犹太银行家，罗氏家族证券业代理人，英国议员。

从历史学的角度很少有人提及马尔萨斯的面部畸形家族遗传，因为似乎与学术无关，但金融战役学的核心就是"人"、"人事"与有关主导人思想的策略，一个面部畸形的人会很苦闷，很痛苦，写出一些消极的"理论"，不论多么"极端"，都可以理解和原谅，但不能原谅的是跨国金融寡头集团，利用这些人生苦难的无奈果实，用来戕害同类，这就是蓄意的犯罪。

欧美学术界至今还有一些"学者"把马尔萨斯人口论宣扬成"理性的胜利"，他们自以为是"优生人口"，至少比大多数人劳动者有钱，可实际他们正在摧毁人类的良知与人性，一旦这个世界，或者说与他们进行坚决斗争的那些"讨厌的学术对头"消失后，一个毫无人性、丧心病狂的自我戕害机制建立且巩固起来之后，"人类社会"也就不适合人类生存了，这些被银行家豢养的"学者们"就会突然发现，一切都完了。

一些金融僭主家族眼中的赤贫乞丐，看不起另一些赤贫乞丐，宣扬金融僭主消灭赤贫乞丐的"马尔萨斯人口论"，自我戕害，消灭同类，这无疑是私有制社会最精彩的一幕喜剧。

（3）荒谬与真实

从实际情况来看，越是不进行人口生育限制，不频发战争、瘟疫的发达地区，人口出生率则会在工业化进程后很快降低，直至出现危险的人口负增长；凡是工业化进程受阻、采用人口生育限制、频发战乱瘟疫的地区，必然出现代偿性人口猛增，让这些国家要么走向人口老龄化的终点，社会崩溃，要么毁于"大批出生、大批死亡、早生早育、多生多死"的"青年社会"，不仅如此，这两种情况都会伴随着人口统计和一切以人口统计为基石的社会管理、司法、统筹趋于无序化，法律尊严荡然无存，人口户籍逐渐名存实亡，人口会分为"有户籍社会人"和"无户籍社会人"，两者会出现残酷而又真实的鸿沟，填满它的只能是苦难、泪水与倒退。

（七）遏制发展中国家的工业化进程

目前，华尔街推出的"地球变暖"的"减排概念"，不考虑人均、不考虑发展阶段、不考虑商品消费地、不考虑污染工厂的所有权，看似泛泛的用"一个国家从某一年碳排放物总量，开始减排"，对于已经完成了工业化进程，且高污染产业都通过控制亚非拉实体经济而实现了转移的欧美国家，影响极小，至少不会导致非工业化进程。

发展中国家一旦接受了这个所谓的"减排概念"，工业化进程会立刻中止，因为不论采用什么方法，工业化水平远远低于欧美工业化国家的农业国，不增加工业品的生产与消费，还要"减排"，就必须减少工业品的生产和消费，最好的结果也就是工业化进程停止，甚至还要减少"粮食生产"、"肉类生产"，已有的被欧美国家控制的"外资企业"制造的污染物，还要由终生劳作、收入远低于工业国的非工业国人民用天文数字的钱，向华尔街"碳排放许可证份额发放机构"购买"虚拟的排放物本位许可证份额数字"，这会导致发展中国家的经济全面崩溃、工业化进程消失、进入全面的非工业化和殖民化进程，没有任何悬念——"碳排放减排"是金融战役，不是技术问题，更不是"环境议题"。

1. 补偿骗局

所谓的"发达国家"对实施减排的国家进行补偿，是用华尔街私有信用符号，冲击发展中国家国有信用符号，夯实"世界货币"地基的措施，与缔造了美元世界的"马歇尔计划"有异曲同工之妙，后果更为严重，不仅仅是长期剥夺，而是永远的奴役。

2. 二选一的心理骗局

美国华尔街集团故意炮制了"东京议定书"，开始了"环境本位货币的减排进程"，然后故意不让其主导的美国政府通过，然后再抛出一个"哥本哈根协议"，在国际上导演了一出"强迫美国接受东京议定书"，而发展中国家"大获全胜"的金融战闹剧。

"碳本位金融体制"会导致第三世界国家，乃至所有国家主权消亡、经济崩溃、非工业化进程和全面的殖民化，这就是"东京议定书"的根本目的和作用，华尔街让世界各国接受所谓的"世界碳本位许可制度"和"减排路线图"的战略目的，正在美国"失败"的假象中顺利实施着，这不是一个国家，一个国家集团，一个民族，一个大洲的危机，而是整个实体经济，整个人类社会的总危机；是发展中国家的重大危机，也是欧美国家的重大危机，是金融僭主家族出于世袭统治人类社会的私利，发动的一场史无前例的金融战役；也是私有制缔造的资本怪物反噬私有制社会的开始，就连即将世袭的金融僭主家族，也是微不足道、身在虎口的牺牲品。

发展中国家不仅为了"避免地球变暖"，要退回刀耕火种、茹毛饮血的时代，还要停止"吃饭"——吃碗米饭，维持最低限度的"活着"，**仅仅是卑微的、最原始的"活着"**，都成了"导致地球变暖的严重罪行"，这也正是银行家们眼中的"罪行"，"世界环保新秩序"下的"第一条大罪"。西方银行家豢养的"学者"、"媒体"、"政客"推动的"减排"，与他们的道德一样，没有"底线"。

二、《美国政府国家安全研究备忘录第 200 号》

（一）美国政府备忘录"NSSM-200"

"NSSM-200"号备忘录是美联储股东，罗思柴尔德银行经理人犹太银行家洛克菲勒基金会指挥华尔街·中情局体系抛出的一份绝密政府报告，正式标注的时间是：1974 年 10 月 10 日（目前已经解密）。该报告的第一撰写人就是犹太银行家、共济会成员、外交协会成员、洛克菲勒财团雇员、美国国家安全事务顾问亨利·基辛格，故该报告也称"基辛格报告"。不需

要玩弄文字游戏，所谓的"洛克菲勒基金会"就是中情局，甚至在华尔街·中情局体系中起主导地位，这份报告是华尔街垄断金融资本的一个行动纲领，提交给政府不过是让其蒙上了一层"官方色彩"，以"便于协调和行动"。

这份赤裸裸的报告是一个系统诱骗，以减少"非优生人口"的全球计划：从世界构架来说，欧美之外都是"非优生人口"；从欧美主流意识形态来说，有色人种都是"非优生人口"；从美联储金融主寡头家族的角度来说，除了金融僭主家族都是"非优生人口"。这不是一个生物概念，而是一个等级概念，一个没落、倒退、反科学、反人类的奴隶制家族血统论的丑陋产物，"僭主统治金字塔"中任何阶层的"微笑"都将是愚蠢的和短暂的。

图片说明：金星照片。金星原来并不出名，在"地球变暖"的喧嚣中，却一举成名，因为金星有"充足"的"温室效应"，不少"科学家"、"学者"用现时的数据说明"地球也会如此"。实际上金星大气压是地球的 90 倍，相当于 900 米深海的压力。金星的"大气"更类似于"流体力学"的数学模型，即便考虑到硫酸气体也有气体力学的特征，整个热力学数学模型也与地球截然不同。因为二氧化碳在地球常温下，31.1℃时，如 70 个大气压，就变成液体。因为火星被浓厚的、几十千米厚的硫酸云包围，故此产生极高温，400 摄氏度以上的高温导致液态二氧化碳成"不稳定气体"（温度变低则液化），如果在地球则变成二氧化碳的海水，这两个物理模型根本不一样，但至今没有一个欧美"学者"告诉人们这些，宇宙的奥秘固然神奇，但金钱的力量对私有制社会的影响，则有过之而无不及。

这份报告的全称为："美国国家安全研究 1974 年备忘录第 200 号：世界人口增长与美国安全及海外利益"（1974 National Security Study Memorandum 200: Implications of Worldwide Population Growth for U. S. Security and Overseas Interests）。

（二）背景

美联储推动美国"绝育法案"运动，到第二次世界大战以后，就不提"优生学"了（因为"优生学"是纳粹的提法，是种族灭绝的产物，臭名昭著），摇身一变，成了"美国人口理事会"（1952），实施在"优生优育"旗号掩盖下的人种灭绝策略——通过制造老龄社会，消灭一个国家和民族（当然，是"非优生的"）。

早在美国大萧条时期，美联储就开始了全球种族灭绝的实验，比较典型的例子就是"**波多黎各案例**"。罗氏银行代理人摩根财团，也就是摩根大通，是华尔街·财政部情报体系的最高负责人，是美国实际上的最高权力机构，集情报、货币、经济、军事预算、宣传等大权于一身，摩根财团通过资金缔造了"二级财团"——洛克菲勒财团，"优生学"思潮主要由洛克菲勒财团来推动。洛克菲勒财团在加勒比地区的波多黎各扶植康涅利乌斯·罗兹博士等人进行了一系列"人种学、优生学社会实验"。康涅利乌斯·罗兹博士1931年11月给"同事"发了一封信，有如下内容："罗兹可是一个不同寻常的科学家。后来传出消息说，他曾故意使他的实验对象感染上癌细胞，以便观察产生何种反应。这些实验对象中有8人死亡。**洛克菲勒研究所**的病理学家罗兹还在1931年11月抱怨道："毫无疑问，波多黎各人是这个星球上有史以来最肮脏、最懒惰、最堕落、最有偷窃癖的人种。这个岛国需要的不是公共卫生工作，而是一场海啸来彻底毁灭这里的人种。为了推动这一灭绝进程，我已经尽我所能干掉了8个……"这原本是写给他的同事的一封秘密信件。**波多黎各国民党领导人坎波斯在得到这封信后公布了信件的内容**，于是罗兹吹嘘杀掉波多黎各人的话在1932年2月的《时代》周刊上刊登了。"〔参考文献：（美）威廉·恩道尔著，赵刚等译.粮食危机（第4章）.北京：知识产权出版社.2008）

法比天大的美国，却绝不会逮捕杀人犯，因为他是美联储股东的"臂膀"，"这个洛克菲勒研究院的科学家不但没有受到谋杀罪的审判，反而被派往马里兰州、犹他州和巴拿马建立'美国陆军生物战'的设施，后来又被任命为美国原子能委员会委员，秘密对囚犯、医院病人和美国士兵进行放射性实验。在约翰三世的政策被'神圣'地载入《国家安全研究备忘录第200号》之前的十多年，他于1961年向联合国粮食及农业组织发表了'第二次麦克杜格尔讲演'。洛克菲勒告诉听众：'在我看来，人口增长是当今

社会仅次于核武器控制的头等大事。'"（同上）

很多"聪明人"和欧美"独立央行集团"的行长们，自以为秘密听命于这个神通广大的华尔街金融情报体系，很得意、很神秘，似乎谁也不懂其中奥妙，谁也不知道他们在做什么，会得到多大的个人利益，世代享用不尽。实际上，美联储集团不代表美国的利益，目前欧美金融僭主体制是一个腐朽没落的世袭体制，远不如一个帝王体制。因为，帝王虽有独裁的一面，但也有爱民的一面，至少帝王也热爱自己的民族和国家。金融僭主体制特别狭隘、特别落后，是一个带有跨国会道门金融犯罪集团色彩的家族集团，无所谓民族，无所谓国家，除了僭主家族，都是敌人，很多卖身投靠者，都没有认识到一个把"路西法"（魔鬼撒旦本人）当成"神"来秘密崇拜、用枯骨、骷髅、棺椁、泥浆举行秘密仪式的跨国会道门是多么的可怕和疯狂，这远非背叛民族、背叛祖国得点个人好处那么简单，而是背叛了全人类，交出了个人乃至子孙万代的一切利益和希望。

洛克菲勒家族（美联储世袭股东）

有关洛克菲勒家族"白手起家"的说法，与富可敌国的共济会成员莫扎特死于"贫困"的说法一样荒诞不经。德国法兰克福老光照会金融系的约翰·洛克菲勒（1839～1937，"老约翰洛克菲勒"）是洛勒菲勒财团最开始被罗思柴尔德家族选中的"缔造者"，这里不谈洛克菲勒家族，只简单提一下，对金融僭主体制有一个轮廓。小约翰·洛克菲勒（1874～1960，为老约翰独子，生有5子）。包括"英美学术情报体系"常春藤系，正式称谓（这是一个跨国注册机构，"常春藤"是泛称）是"罗素系"［罗氏缔造的北美贩毒帝国，虎门销烟时罗氏三大贩毒集团中的"旗昌洋行"（"罗素公司"），交出了1540余箱毒品］，包括哈佛大学的"燕京社"，都是常春藤系的学者情报机构（请参看笔者博客杂文"司徒雷登与李安东"：http://abeautifulmind.blog.hexun.com/26854874_d.html）。

洛克菲勒财团第三代之五子简介

大卫·洛克菲勒：美国开国时，华尔街·财政部情报体系的最高机构是华尔街曼哈顿公司，后来就融入了摩根大通。大卫·洛克菲勒特别活跃，原因在于他是大通公司20年的首席执行官，实际在摩根大通体系中是一个"情报副手"的地位。推动世界政府、消灭中医、建立美国"私有医疗体系"、建立美国出版体系，都是此人。"有些人甚至认为我们是一个秘密集团的一部分，试图危害美国的核心利益，他们把我的家族和我本人描绘成

'国际主义分子'，阴谋与各国（拥有同样理想）的一些人合作建立一个全球的政治和经济结构——单一的世界（政府）。如果这是一种指控，那么我承认有罪，但是，我对此引以为荣。"（参考文献：宋鸿兵. 金权天下·货币战争 2. 北京：中华工商联合出版社. 2009），这句话就来自此人。

纳尔逊·洛克菲勒：共和党纽约州州长与 41 任美国副总统、中情局高层。

温斯罗普·洛克菲勒：共和党阿肯色州州长

劳伦斯·洛克菲勒：大银行家，"参与"的机构如果列出，会写满许多页。

约翰·洛克菲勒三世：华尔街情报专家、大银行家、政客、人口增长与美国未来委员会主席，"200 号备忘录"就是此人出面一手推动。

其实，美国完全控制在美联储世袭股东手中，如"第四代"的约翰·杰伊·洛克菲勒（约翰四世）民主党弗吉尼亚州参议员、州长；温斯罗普·保罗·洛克菲勒世袭他父亲在阿肯色州一直当"副州长"……所以，美国所谓的"自由选举、多党政治"，根本就是最黑暗、最没落、最腐败，没有任何公正和"流动"可言的世袭金融僭主体制，完全在民主、自由和人权的另一端。

美联储体制在欧美，乃至发展中国家的金融代理人虽然不可能突然真正的醒悟，但有必要记住威廉·恩道尔先生的如下记述："亨利·基辛格的国家安全委员会（1974 年）发布的关于人口控制的《国家安全研究备忘录第 200 号》表达了对几十年来培育人类"优良品种"的继承和发扬光大。这些努力成果直到德国纳粹第三帝国终结时才以"优生学"的名称而闻名于世。洛克菲勒家族的某些机构在全球范围内大力推行优生学，其影响之大甚至连阿道夫·希特勒当时的"种族净化"计划都望尘莫及。"

（三）内容与目的

1. 起点

1974 年，美国操纵下的联合国，由洛克菲勒基金会推动召开了"罗马尼亚布加勒斯特人口大会"，试图在全球贩卖"人种优生论"，但被大多数国家反对。"大会上联合国未采纳美国的意见。美国的意见是由洛克菲勒基金会，更直接地说是由约翰·D·洛克菲勒三世提出的。意见的主要内容是实施'世界人口行动计划'以大幅降低世界人口数量。这一计划受到了天主教教会、除罗马尼亚之外的所有共产主义国家以及拉丁美洲和亚洲国家的坚决抵制。它们的抵制使美国的决策层意识到实施这个计划需要用一些

隐蔽的手段。在这个背景下，亨利·基辛格被授权起草《NSSM-200》战略。"[参考文献:（美）威廉·恩道尔著，赵刚等译.粮食危机（第4章）.北京:知识产权出版社.2008]

2. 目的与手段

（1）目的

华尔街集团在《200号备忘录》明确地说:"（如果任由不发达国家不断发展经济和人口增长）**最不发达国家试图通过提高出口产品价格来获得更有利的贸易条件**"。如何破坏发展中国家的经济发展和人口增长，也就是**人类社会的两个基本生产——人口生产和实体商品的生产**呢？

（2）手段

①"通过生物医学研究开发更简单的避孕方法"，这句话很婉转，就是通过生物工程和"医学措施"秘密损害"目标人口"的生殖能力，并"大规模减少人口"，这里的确没有用"机枪扫射"等类似词汇，而是"减少"，减少的途径是"生物医学方法"。实际上，罗思柴尔德家族豢养的希特勒集团（请参看"德国卷"）从来就没有在任何一个正式国家报告和法律文件中提出"大规模屠杀劣等种族和种族灭绝"，而是提出对"非优生人口的最终措施"。

②"我们面临的主要挑战将是增加最不发达国家自身的粮食生产，并使粮食从生产国转移到消费国的商业流通体系自由化"，也就是说，如果通过控制世界粮食供给，减少"最不发达国家"的人口，也是待选策略与实践挑战之一。实际上在第二次世界大战以前，美国情报机构之一，美国联邦调查局通过另一块招牌福特基金会在欧洲，乃至世界各国豢养学者间谍，宣扬"粮食购买率"、"粮食低价值论"，那些放弃粮食自给自足的国家所经历的一切，后果触目惊心，惨不忍睹。

③"为了有助于避免（其他国家）指责美国支持人口控制背后的动机，美国应反复重申这一支持是源于以下关注: a.夫妻有权自由地、负责任地决定他们生几个孩子和生孩子的时间间隔，并且有权获得信息、受教育及其手段; b.对于贫困国家的基本社会和经济发展来说，人口的迅速增长既是普遍贫困的诱因又是其结果。进一步说，美国应该采取行动将这一信息传递出去，即控制世界人口增长代表了发达国家和发展中国家的共同利益。"（这段话全文照抄自约翰·D·洛克菲勒三世早些时候呈送给尼克松总统的一份报告，同上）。

3. 杂记

（1）令人毛骨悚然的"文字游戏"

洛克菲勒集团于20世纪初把"减少非优生人口"（也就是希特勒集团要消灭的"劣等种族"）的"学术"称为"人种学"，后改为"优生学"，第二次世界大战以后，改为"人口学"，也称"人口优生论"，大抵因为"优生学"被希特勒集团"执行过了"，就是著名的"种族灭绝"。所谓针对犹太人的说法，不准确，实际上"希特勒雇佣的优生学家"用尺子，用"人种学"的方法"界定"包括一切德国人，乃至所有欧洲人的"五官"等，以此确定谁该进入"最后的程序"。纳粹德国的军工联合体法本集团，就是犹太银行家，也是罗氏银行经理人美联储主席沃格格家族在管理。这是一个"消灭人类社会的残酷骗局"，谁该被"消灭"，这个"标准"掌握在金融僭主家族手中，**"谁不听话，谁就是非优生人群"**，都听话，则**"都是非优生人群"**，仅金融僭主家族除外。

（2）进化悖论

个人行为优化论是金融战役学中的三块基石之一。"优生"与"优化"也是客观存在的，问题在于什么是"优"，笔者认为"多样化是优化的永恒前提"，单纯的"优化"和"优选"必然等同于"劣化"和"错误"。由于与本书关系不大，这里仅仅举两个例子：

①"顺应历史潮流的基因"持续增强的历史后果

侵略族群进入被侵略族群，如果被侵略族群不抵抗，则可"顺利融合"，但是"不抵抗的基因倾向"会被强化，最终通过遗传导致"新族群"无力应对大自然和其他侵略性族群的否定性，会慢慢走向灭亡。

②"怪癖"、"病态"、"心理异常"人群的潜在的历史价值与贡献

例1："离群索居、孤僻出世的人格与行为模式"

具有分裂型人格（不是精神分裂）的张三，离群索居，远离大城市，且个人特厌恶吃肉食，一吃肉就难受，喜爱蹲在深深的岩洞里独居，一边照镜子，一边自我欣赏的笑。假设此类情况为"万分之一"，很自然会被看成是"病态"和"怪癖"。但是如突发核战争、转基因牛肉活性蛋白突然有了与潜伏期为30年的烈性传染性与"狂犬病"一样的致死率，即100%的致死率，那么全球会留下几十万人得以种族延续，这就是多样性社会的"鲁棒性"特征。

例2："极度不随潮流、不同于常人的人格与行为模式"

有一本科幻小说，一场奇特的全球性的流星雨即将发生，绝大多数人都去看了，但极少数人特别厌恶炒作，不去看，当然他们也被看做是"不合潮流的怪人，心理有异常人者"。结果外星陨石燃尽时，产生辐射，导致观者失明，又恰逢转基因肉食植物，利用"肌肉"进化出了行动能力和攻击力，不再依靠土地，而依靠猎食，失明的人们成了"猎物"，万分之一的"心理异于常人者"，拿起武器保卫着人类最后的家园，这就是多样性人格和行为模式对人类社会的潜在价值——广义安全、系统稳定、种群优化。

单纯的"人种优化"、"行为优化"、"文化优化"，如同全球种植美联储集团发给世界各公司的转基因种子一样，平时虽进入农业殖民化进程，可也无一不"因为优化而高产"，但若有小概率的灾难性基因工程失误，则会导致人类社会的消失。问题在于，社会稳定性和发展性的本质，主要来源于战略和历史，**历史正确性**远远胜于**正确性**，不论是"人种优化"、"行为优化"、"植物优化"，其结果都是在荒谬地追求正确性，而彻底否定了历史正确性，短暂正确的代价，必然是灾难性的历史后果，而这一"短暂"可能为十几年、几十年、上百年，甚至几百年，"历史后果"则可延伸到时间轴的永恒。故此，在大尺度上发生概率的意义，要次于事件和后果本身的意义，任何决策与选择，不能否定战术正确性，但更要考虑潜在小概率事件与决策后果的历史意义本身。

三、宝中之宝必为险中之险

（一）古训："粮食乃宝中之宝"

人类的工业化进程全部建立在坚实的农业基础之上，离开了粮食自给自足，生死都交与他人之手，福祸在人谈笑之间，故丧失了粮食安全的工业化进程，必然是殖民化进程。

中国古代有"阴七阳八"之传言，也就是说一个人7~8天不吃饭，就会失去生命（这里不讨论具体生命极限，有的人可坚持很久，有的人3天不吃饭就低血糖休克，然后就死亡了），故此也就有了"粮食乃宝中之宝"的古训。笔者曾经看过一个新闻，里面有一个小村落面临山洪，记者很着急地问一个老大爷："家里电视、衣服都抢运出来了吗？"老大爷回答说："都在运粮食呀！有吃的就不怕！"这个记者很斯文、很礼貌，应该受过高等教育，老大爷两手老茧、满面风霜，受过高等教育的可能性不大，但是！

老大爷的话，如此切中要害，记者却没有看出"什么最有价值"，这件小事令人久久不能忘怀。

"商业化的价值"是社会控制论的产物，"商业化的价值"**应该**来源于实体商品价值的本身，但资本社会由于不可阻止的资本垄断进程，进入了金融主义历史时期，跨国垄断金融资本体制下的"商业化价值"，逐渐被"垄断商业价值"所替代，除了"虚拟经济"的因素外，蓄意背离"商业化的价值"本身，成了"垄断价值"的源泉（实际上虚拟经济也是通过背离和颠覆市场经济而取得暴利）。

每年华尔街集团通过家族媒体和豢养的一些"时尚大师"，告诉全世界女性今年的"流行色"是什么？今年的"流行服饰"是什么？不论这些"时尚"多么荒谬，多么丑陋，都会变成全球化的"美"。当"流行时尚"彻底背离"美的实质"的时候，"美"与"丑"的界限就奇迹般地消失了。一个华尔街集团全球发行的操作系统，毫无新意，远远落后于开放源代码的操作系统，却通过标准垄断享用着"高科技的光环与利润"，"先进"和"落后"的鸿沟也在不知不觉间被"看不见的垄断资本之手"抹平了！

但是，食物、水、空气、土地、军工、金融，大到一个国家存在的基石，小到一个人生命延续不可或缺的因素，这是我们永远都不能忘记的，也是永远不能用金钱来衡量的核心价值。

图片说明：经济学家威廉·恩道尔先生，《粮食危机》的作者，是一位严谨的学者，塞勒斯教授等发言原始文献，引自《粮食危机》，特此致谢。

（二）微弱的呼声

"任何对基因工程进行风险分析的尝试都注定带来更多的误导。活体

细胞系统，即使没有病毒或外来质体(更不用说朊病毒)的侵入，也要比核反应堆复杂得多。我们无法想象它究竟会出现什么问题……很多的基因拼接不会产生任何结果；有一些可能会得到预期的结果，但是即使是概率很小的事故也会像核能一样产生灾难。权衡再三，我们还是不要把这种方法应用于科学和生命为好。"——奥克兰大学的退休高级讲师、生物学家罗伯特·曼博士

"用于基因工程的生物材料中有一些称为质体的 DNA 小片，它们被描述成简单的可预测的转基因载体。根据传统的看法，用于把基因导入转基因微生物的质体可以被描述为不可转移的……相反，世界上没有任何'安全的'质体……为了生存，我们必须解开一个谜：我们如何阻止或减缓对抗生素有抗药性的基因的转移。但是一些基因大师像上帝一样，可以预测出人为地将人的基因转移到羊的身上、把牛的基因转移到西红柿中诸如此类的进化结果。"——阿比盖尔·塞勒斯教授

"全新的基因和基因组合在实验室中产生，然后被植入到生物的基因组中形成转基因生物。与赞同转基因的科学家所讲的不同，这个过程并不是完全精确的。由于其结果不可预知，这个过程是不可控的和不可靠的，通常会对宿主基因组造成损害和扰乱。"——生物学家、伦敦社会学研究所所长侯美婉博士

(三) 华尔街的声音

"粮食就是权力！我们用粮食来改变人们的行为。有些人可能会把这称作贿赂，但是我们并不想为此进行辩解。"——美国农业部前部长助理凯瑟琳·贝尔蒂尼

"谁控制了石油，谁就控制了所有国家；谁控制了粮食，谁就控制了所有的人。"——《200 号备忘录》起草人、外交协会（罗氏建立）亨利·基辛格

(四) 未知的风险

1. 转基因食品的活性蛋白与第二次世界大战后"脑部疾病"的关系

通过美国国立卫生研究院永久性病毒研究室主任布鲁斯·查斯布鲁对于蛋白病毒的特性评估。[文献来源："(美)布鲁斯·查斯布鲁，李雪荣，赵晓峰编译.疯牛病和蛋白病毒·致病因子的不确定性(第 42 页).北京：国外科技动态.2002，5，总 394"]可以得出如下初步结论：

（1）转基因小鼠的活性致病蛋白颗粒"过度表达"，就可能导致大脑损害（也就是疯牛病的类似致死性、进行性、无药物可控的脑部损害）。

（2）活性致病蛋白颗粒，不仅具有传染性，还具有"遗传性"（也就是可永久改变实验目标，比如，牛、羊、人的某些基因）。

（3）"早发性痴呆"、"Ⅱ型糖尿病"、"慢性透析"、"疯牛病"等一系列第二次世界大战以后突然增多的"新疾病"，与"活性蛋白致病因子"可能具有某种关系。

"早发性痴呆"：简单来说，就是 65 岁以下人群发生的类似于"阿尔茨海默氏病"的"脑损害症"（也有不少西方学者认为"早发性痴呆"不是"阿尔茨海默氏病"，是"原因不明的进行性脑损害"。此处仅为笔者看法：过去称作"老年痴呆"，可发病越来越年轻，如果把人看做是一桶水，积累了一生，有"某种负面因素满溢"，则是"老年痴呆"，可如果某个"每天摄入"的负面因素"加速积累"，则会导致"满溢提前"，这个"负面因素"不明），脑组织出现不明原因的进行性、不可逆的严重损坏，最后死亡。

值得注意的是：在"类似患者"的大脑皮质、海马及皮质下神经元，都发现大量"磷酸化变性的 Tau 蛋白"。"Tau 蛋白是一种低分子量含磷糖蛋白，分布在中枢神经系统内，与神经轴突内的微管结合，具有诱导与促进微管蛋白聚合成微管，防止微管解聚、维持微管功能的稳定的作用。"〔文献来源：田利明（北京大学基础医学院生物物理系）. Tau 蛋白与 Alzheimer's 病. 北京大学单分子与纳米生物学实验室刊载：http://snl.bjmu.edu.cn/course/reviews/MM/TiangLiMingM.pdf），而这些大量集聚，导致脑组织变性，形成大量神经纤维缠结（即"NFT"，所谓的"海绵状组织"就是脑组织逐渐被大量"双股螺旋细丝""活性蛋白""替代"，如寄生虫一样，相互抱在一起，形成一团团由无数"双股螺旋细丝蛋白"构成的"活体"，很可怕），且变性的"Tau 蛋白"不仅是致治病根源，在电子显微镜下，呈现"**宽度为 820 nm，周期为 80 nm 的双股螺旋细丝**（paired helical filament, PHF），**引发神经元凋亡**"〔参考文献：涂荣波，董军. β 淀粉样蛋白在老年痴呆症发生发展中的作用及其机制. 西安：第四军医大学学报. 2007，1（27 卷 1 期）〕，对比前面的"传染性活性蛋白颗粒"的图片，正是"**双股螺旋细丝**"结构。

"Ⅱ型糖尿病"：简单来说，有时表现为"成年发病"，且"非胰岛素依赖"（有的患者需要注射胰岛素，有的则"胰岛素过多"，症状复杂），最

后常导致心脑等多器官复合损害，尤其是并发心血管疾病的时候，患者会更危险，有报导说感染病毒（比如艾滋病病毒）也可能诱发该病，具体病因不明。

"疯牛病"：也称"疯羊病、羊搔痒症"（牛脑海绵状病，即"BSE"），人被传染就是"克雅氏病"，脑部严重进行性、不可逆损坏，导致精神失常，认知失序，最后死亡。布鲁斯·查斯布鲁主任认为："1996 年（1996 年 3 月，英国）最初报道的少数 nvCJD 病例的出现是否预示将来更大的发病率的出现还是未知数。在这一方面，Cousens 等人最近提供的数据揭示，在英国与牛密切接触的农民中 CJD 的发病率逐渐增加。"，但又说"这些病人并没有表现出 nvCJD 典型的病理学症状，且检测到的 PrP 带的形式也与 nvCJD 的不同。因此，CJD 发病率的增长可能源于 BSE 以外的因素，在意大利没有 BSE 地域的奶品农场工人 CJD 发病率增长的事实有力支持了这个结论"——这丝毫不令人感到宽慰，反而有力地表明，传染性蛋白颗粒导致的疾病在蔓延，且是"BSE（笔者按：疯牛病）以外的因素"，这是什么呢？与这些跨国垄断金融资本拥有的"食品工厂"又有什么关系呢？一切都在迷雾之中，人们只能盼望真相大白那天，不会为时已晚。

2．"铁山会议"与"金水稻"

铁山会议中的"铁山"是指"哈德逊城区地下掩体"，这个掩体应该是存在的，但书中暗示的则是"哈德逊协会"，实际应该翻译为"中情局哈德逊处"（有关此机构与华尔街的关系，请参看"美国卷"）。中情局与洛克菲勒基金会本来就是一回事，唯一不同的是，洛克菲勒财团参与管理的"摩根大通"缔造和管理着中情局，而不是相反，这就是美国开国秘密情报首脑汉密尔顿开创的华尔街·财政部金融情报体制。

转基因粮食策略，对于亚洲来说最可怕的、最现实的莫过水稻与小麦，我国南方和东南亚很多国家的主食就是大米（北方吃面稍多一些，目前也有改变）。洛克菲勒基金会 1984 年就开始向亚洲推广"金水稻"，据说可以提供维生素 A，这个所谓的"专利"由美国孟山等化学武器公司联合拥有（"四大集团"其实是一回事），"四大集团"之一的瑞士先正达的"金水稻专利拥有者"、"转基因专家"史蒂文·史密斯曾经毫不掩饰地说过这样一段话："如果有人告诉你转基因可以养活世界，那么你告诉他们，转基因养不活世界。要养活世界，需要政治和金融的意志，而不是生产和销售的问题。（2000.6）"，他很快神秘去世。

3. 一则新闻

"在控制我国蔬菜种子 50%以上的市场份额后，外资大幅提高种子价格，甚至出现了"1 克种子 1 克金"的天价种子，使农民饱尝国外高价种子苦果。中国农业大学寿光蔬菜研究院常务副主任国家进告诉《经济参考报》记者，以甜椒为例，国外种子公司生产 1 粒种子的成本只有 1 分钱左右，但在中国市场要卖 1 元钱，比黄金还要贵。此外，以色列海泽拉公司的"189"番茄、荷兰瑞克斯旺公司的"布利塔"茄子等，每克的价格都在 100 元以上，但由于市场已被国外公司垄断，农民只能被迫接受。"（参考文献：外资垄断我种业·农民被迫接受 1 克种子 1 克金.人民网刊载：http://finance.people.com.cn/GB/10649037.html）。

第四章

控制精神的金融战役

一、"人人都爱吃精神药物"——恐怖电影

美国有一部情景喜剧,"人人都爱弗雷德",这是一个虽有缺点,但讨人喜爱的好丈夫,人人喜爱他很正常,但"人人都爱吃精神药物",则似乎只能是恐怖电影里的黑色幽默,但您也许正在服用,或琢磨着想吃的药物,就是将会彻底改变您脑神经活动的"精神药物",但您可能一点都不知道。

在美国好莱坞有一类介于科幻片与恐怖片之间的题材影片,"活死人"内容,也称"僵尸"。黑格尔曾经说过:"失去理性的人,就已经死了。"这话不完全准确,因为黑格尔所谓的"理性"是脱离人性光芒的"绝对理性",看似理智,实为机械,这句话如果这样说则稍好一些:"**认知与思考能力被药物或芯片等外力控制的人,就已经死了。**"

"活死人"类型中,最著名的是《活死人系列》和《生化危机》,前者是由于一个渗透到美国军方的"药物公司",开发了一种可以通过空气、水、伤口接触等蔓延的生化物质,导致人"丧失理智、不死不生";后者是跨国医药寡头企业"雨伞公司"转基因工程秘密进行"增强人体"的活人实验,商人们用广告和豢养学者、政客掩盖秘密人体实验,把人当成"小白鼠"实验他们的转基因物质,这两个系列都是科幻故事,都是由于化学药物或基因药物改变人的大脑,导致了严重的社会问题。中国科学院植物研究所研究员蒋高明先生说过这样一段话:"据国外科学家的报告称,幼鼠食用转基因土豆后,内脏免疫系统受到损害;以转基因食品喂养的老鼠出现器官变异和血液成分改变现象,有谁能够担保转基因食品不会出现问题。"(参考文献:蒋高明. 转基因作物商业化种植存在各种隐患. 农村信息网刊载:http://www.12582.com/main/Agriculture/Detail/8113619)

这个说法不是空穴来风,而是来自一个美联储集团很恼火的泄密事件。罗氏代理人美联储世袭股东洛克菲勒财团拥有的美国生化武器研发集团,孟山集团有一个长达 1139 页的秘密实验报告，结果发现："喂食该公司生产的转基因玉米 3 个月后，实验室小鼠同对照组喂食非转基因食品的小鼠相比，肾脏较小，血液的化学成分也发生了变化"，但并没有对外宣布。2005年 5 月 22 日，英国《独立报》披露了这个肮脏的事件，并"援引医生的看法指出，这些血液成分的变化很可能预示着小鼠免疫系统受到损害或是生有肿瘤。盖伊医学院分子遗传学专家迈克尔·安东尼奥认为，从医学的角度来看，这些发现是非常令人担忧的。"

无独有偶，1998 年，任职于洛维特研究所的阿帕德·普兹太博士发现，实验证明转基因土豆可能损害小鼠免疫系统、大脑、肝脏和肾脏。跨国垄断金融资本主导的"英国皇家科学会"（实际上是英国共济会的一个机构，也是一个伦敦金融城缔造的私人机构），"英国皇家学会会长、时任英国政府首席科学顾问罗德·梅立刻公开斥责阿帕德·普兹太博士"违反了科学公正的每一条标准"，阿帕德·普兹太博士的研究也被"主流学界"视为但求轰动而不求严谨的反面典型，也就被人们逐渐忘记了。（参考文献：高仪.转基因作物·盖棺何太急.中国国际广播电台国际在线刊载：http: // gb.cri. cn/3321/2005/06/27/782@599234.htm）

一个转基因活性蛋白都能损害"生物"的器官、血液、脑组织，那么专门用来改变脑神经活动的"药物"，俗话说"是药三分毒"，又如何在不知不觉之间，使"全人类都吃精神药物"，换句话说：拥有着世界"医药集团"的金融僭主家族是如何做到这一切的呢？

二、"中国精神疾病的总患病率达到 15%"

（一）"施维雅"的 1000 万元

2009 年，中国很多媒体上出现了一个来历神秘的"精神病学调查结果"，发布了一个数据："根据最新的精神疾病流行病学调查，我国精神疾病的总患病率达到 15%，保守估计我国各类精神疾病患者 1 亿人以上。"（文献引用："中华医学会·施维雅精神病学研究交流项目启动.中华精神卫生网刊载：http://www.cma-mh.org/common/Particle/articlecontent.asp? record id=62756"，该新闻发布时间是：2009 年 9 月 25 日）

"1 亿人以上"是多少？用 13 亿人口做基数，按照这个"最新的精神疾病流行病学调查"的统计结果，中国人口假设按照 13.5 亿计算，会得

出"中国有 2.025 亿精神病患者"的统计结果——也就是说：每六个中国人中有一个精神病患者。"很显然"这包括中国所有阶层，官员、工人、农民、军人、知识分子，"但却理所应当不应该包括做出这个调查报告的那些人"。道理很简单，如果他们是精神病患者，这个调查报告就不成立，而成了疯言疯语。

图片说明：这次发布中国 15%的人是精神病患者调查报告的"学术会议"，由施维雅全球首席执行官施达博士主持。施维雅（法国施维雅家族）官方网站的"施维雅简介"中自我介绍："（施维雅是）世界领先的法国独立制药企业"，有关罗思柴尔德家族缔造法兰西银行和"二百家族"（200 个法国央行大股东）控制法国一切的前因后果，请参看"法国卷"。

经过对这个调查报告的跟踪，发现虽然新闻标题各有不同（参考文献：夏祎繁，代朗. 我国各类精神疾病患者超过亿人. 人民网刊载：http: //www. cma-mh.org/common/Particle/articlecontent. asp?recordid=62756，发布时间为：2009 年 9 月 10 日），但内容基本一致，都来自法国生产精神病药物的资本集团"施维雅集团"2009 年 9 月 9 日召开的一个"交流会议"。此间，他们还决定"5 年内投入 1000 万元，从继续教育和科研资助两方面对精神科医师进行支持，同时还将对优秀的精神科一线临床医师进行奖励和关怀"。

（二）"学术结论"的意义与影响

1. 医学意义

一般来说，根据西方精神病学的"宽泛"界定，一个人的直系亲属中

（实际也包括整个有血缘的家族成员），1/20 的人有乱伦、各类心理精神病患，就"可能"被界定为"有家族精神病史"或"家族乱伦史"（这是"人种学"的产物），根据美联储股东洛克菲勒家族推动的《美国绝育法》，就"可能"要被秘密或强制"绝育"，并且是"依法办事"，谁要反抗，就是"违法"。

如果，"中国有 15%的人口是精神病患者"，那么除了"自己"和 5 个血缘直系亲属，就构成了广义"100%"，这就导致了险恶的"学术结论"，也就脱离了"医学"的范畴。

2. 法律意义

在中国以外生活、侨居、经商、求学的"中国人"（中国血统的人）将面临一系列现实而又严峻的"法律难题"。

凡是有足够金钱和关系，得到"精神健康鉴定"的人，就是"正常人"；任何没有能力支付"鉴定费"的人，会在教育、就业等诸多方面在欧美国家受到严重的法律歧视。因为"虽不明说"，就业却会遇到"玻璃墙"（看不见，但存在）。

3. 社会意义

（1）荒谬的"远景"

"学者曾对 1196 名精神病患者的上下'五代两系'（笔者按：父系、母系；爷爷、父亲、"同辈"、儿子、孙子）的 54576 位亲属进行调查，发现其中有 956 人患过精神病，家属的患病率为 1.75%，是当地没有精神病家族史的人 0.28%的患病率的 6.2 倍，且血缘关系愈近，患病率愈高。"（参考文献：王硕，邢远翔著.做自己的医生.北京：人民军医出版社.2006）

坦率地说，"这个发病率统计已经很高了"，但至少没有"全民化"、"人种化"。如果按照跨国集团的"学术标准"，中国所有人都处于"五代两系"的血缘遗传负面影响之下。

（2）荒谬的"近景"

如果，西方跨国集团的"学术调查报告"可信，则中国家庭的概念，将出现荒谬的变化。这里要说一下"直系亲属"的概念，这是"血缘直系"，不是"社会直系"（"社会直系"包括妻子，有的"法律直系"规定包括上辈父系，不包括上辈母系），祖父母、外祖父母、父母，"自己"，"1 个子女"，就已经共计 8 人，如果仅有 1 个是"精神病患者"，才"12.5%"。

这还必须预设，西方跨国集团"资助"的"中国学术调查报告"的人

都经过法国施维雅家族的"精神健康鉴定"，并且还要预设法国施维雅家族雇佣的欧美学者，都不是"精神病患者"，否则人们甚至都无法确定这个"学术调查报告"本身的严肃性和真实目的。

（三）历史的教训："唐氏综合征"与欧美排华思潮

图片说明：约翰·朗顿·唐（1828～1896），英国爱尔兰裔。

18世纪，英国教会体系的主导权逐渐从英国苏格兰垄断银团手中，转移到了德国法兰克福犹太垄断银团手中。犹太金融资本为了冲击英国社会苏格兰金融家族与英格兰传统贵族的历史联盟，就扶植一些英国社会的非主流族群，其中就包括爱尔兰裔（有关"爱尔兰问题"，请参看"英国卷"）伦敦德里区主教唐牧师，他成了一个法兰克福银团的代言人。1828年，他的五世孙约翰·朗顿·唐（1828.11.18～1896.10.7）出生，是"人种学"专家，共济会成员，他发明了一种鉴定"劣等种族"的方法，被后来的纳粹希特勒集团沿用，就是用尺子测量五官比例，然后得出"优生人种"的比率和"非优生人种"的比率，然后推导出"非优生人种"在智力上的"遗传低下"。

人种学家约翰·唐经过"研究"，发现亚洲人"容易得一种先天愚昧症"，特征就是"脸比较宽，小眼睛，吊眼儿"（这是当时欧美对亚洲人的一种"偏见性的主观形象"），1866年他把这正式命名为"蒙古症"，配合罗思柴尔德家族挑起的两次鸦片战争（虎门销烟中的三大贩毒集团，都在罗氏旗下，请参看"英国卷"），掀起了一轮"黄祸论"思潮（欧洲的"黄祸论"一般指中国元朝，不是历史概念，是"人种学"的偏见），后来美国排华（请参看"美国卷"）时，这个"学说"就被引用，华人都关押起来，很多人死掉了。1959年，法国遗传学家杰罗姆·勒琼发现一个可能导致智力发育迟缓的染色体缺陷，1961年《柳叶刀》杂志就第一次使用了"唐氏综合征"的说法（没有用"蒙古症"的"优生学"说法，因为"优生学"在纳粹德国的"实践后果"欧洲人"记忆犹新"），与1866年的"蒙古症"不是一回事，也与人种毫无关系。

尽管如此，大量先天发育迟缓和基因问题，都被归结于"唐氏综合征"，成了一个介乎西方精神病学和"人种学"之间的学术产物。如果说，"唐氏综合征"还可以算作是"人种优生学"的学术产物，"蒙古症"则是鸦片战争的产物，完全脱离了医学范畴，是一个带有偏见的政治概念。

三、精神药物的滥用与"不告知"有"精神影响"的"常用药"案例

（一）FDA警告抗禽流感药物"达菲"可能引起精神错乱

1. "达菲"与"神经氨酸酶"

2006年，美国食品药品监督管理局（Food and Drug Administration，即"FDA"）发出了一则很少有人关注的警告："'达菲'可能会在患者，特别是儿童中引起精神狂乱和幻觉等严重的副作用，甚至造成死亡。"（参考文献：郭艾琳. FDA警告抗禽流感药物"达菲"可能引起精神错乱. 人民网刊载：http://mnc.people.com.cn/GB/54823/5041068.html）

为什么"达菲"，这个比黄金还要昂贵，全世界的专家都在呼吁政府储备的"治疗甲型H1N1流感的特效药"，会导致"精神错乱"？原因很简单："达菲"影响了人的神经。

其实，很多抗生素就是通过干扰细菌复制过程，也就是破坏、替代、干扰某些"自我复制"或"自我维系"中的关键物质，而阻止微生物在人体内蔓延。"达菲"本名"磷酸奥司他韦"，就是一种"神经氨酸酶抑制剂"，直接与参与病毒复制自身的"神经氨酸酶"进行"争夺性干扰"（磷酸奥司他韦，即"达菲"被人体摄入后，转化为奥司他韦羧酸，与病毒表面的神经氨酸酶，结构有相似之处），让一些病毒的酶受体与"奥司他韦羧酸"结

合，而不是与复制自身所需的"神经氨酸酶"，也就在一定程度上减缓了病毒的蔓延。

图片说明：这就是流感病毒表面的"神经氨酸酶"，这是4个聚集在一起的"神经氨酸酶"单体，"达菲"与之结合，干扰病毒自我复制的过程。

2. 干扰"神经氨酸酶"的潜在未知因素

我国著名的药学家、医学家、植物学家李时珍（1518～1593），根据严谨的调查、实验，结合古代医药书籍编写了著名的《本草纲目》（《明本草》），里面就提到了"八角（茴香）"，俗称"大料"。实际上，从唐朝开始把八角列入"药典"（《唐本草》），就用于治疗感冒，"温阳散寒、理气止痛"，炖肉里面放点，无毒散寒且增味。但中医古有明训："是药三分毒"，水没有毒，一口气喝10立方分米，也会发生"水中毒"；大白馒头没毒，一口气吃100个，胃也装不下！同理，本草说大料"无毒"，那是炖肉、配药，为"防治流感"，一次吃个饱，人也会中毒。

所谓的"达菲"就是瑞士罗氏制药公司从"八角"中提取，"八角茴香主产于我国广西和越南。主为野生，早在宋代已经入药。苏颂《图经本草》（1061）"蘹香子"条载："今交广诸藩及近郡皆有之，入药多用番舶者。"稍后，11世纪90年代董汲《脚气治法总要》中治风毒湿气，攻疰成疮的茴香丸，亦以舶上茴香为主药；王璆《是斋医方》（1196）用治寒疝；杨士瀛《仁斋直指方》（1264）用治小肠气坠与腰疼刺胀，并以八角茴香名之。至于产地与用途的描述，以范成大《桂海虞衡志·果志》（1175）最为确切，因为他作过广西安抚使，谓"八角茴香北人得之，以荐酒，少许咀嚼甚芳香，出左右江州洞中。"看来宋代已把《唐本草》（659）始载的"蘹香子"即伞形科植物"蘹香子"的果实与八角茴香明确分开，所用主为舶来或广西土产，广泛用于医药、调味。"（参考文献：靳士英，娄海容.八角茴香与达菲.广州：现代医院杂志.2006，3）

我国中医药厂家，就从八角中提取"莽草酸"（八角含量不超过 10%），瑞士罗氏（Roche）制药公司"30 千克八角茴香只能加工出 1 千克莽草酸"，马赛茴香酒制造商里卡公司的联络主任阿尔贝·埃尔格里西则认为："用这种植物，你可以制造出茴香酒和达菲。治疗 1 个感染禽流感的患者需要 10 粒达菲胶囊，制造 10 粒达菲胶囊则需要 13 克八角茴香。"（参考文献：抗流感药物达菲·有效成分来自调料八角.人民网刊载：http://scitech.People.com.cn/GB/53750/3848289.html）

按照我国中医八角用法"温阳散寒、理气止痛"，炖肉时放点，不会有毒，但独立提取"莽草酸"则有毒，且对人有精神影响。笔者不是医生，仅在此作出一些猜测性的解释，"达菲"通过干扰"神经氨酸酶"的作用，减少病毒复制，但谁也不能保证，它是否同时也干扰了人类身体内部目前数不清的"酶"和相应的生物化学过程。许许多多"酶"都参与大脑神经的活动，至今仅是知道，过程和机理并不清楚。

举例：犬尿氨酸转氨酶 II（KAT-II）就能影响犬尿喹啉酸［神经 NMDA 受体，该物质的数量与多种精神疾病有关，参考文献："Qian Han, Howard Robinson, Jianyong Li. 犬尿氨酸转氨酶 II 的结构（J, Crystal Structure of Human Kynurenine Aminotransferase II）.美国纽约：生物化学杂志（J. B. C）".2008，1（283）］；色氨酸羟化酶也与人的精神与认知生化过程有关（参考文献：王从辉等.氨酸羟化酶基因多态性与精神分裂症的关联研究.广州：中国神经精神疾病杂志.2007，8）……相关研究很多，与本书无关，点到为止。

"达菲"和一些能够"干扰"细菌、病毒复制酶过程的抗生素之所以会导致一些人，尤其是儿童精神错乱，潜在的可能原因之一就是：它们可能也在不同程度上，干扰了人用于神经传导的生化过程的"某个酶"或"一些酶"，孩子们可能更加敏感和脆弱（成人不是没受损害，不过没有立刻就"精神错乱"，远期后果，仅仅是"未知"）。这个问题的更深层面则在于：一个可能会暂时或永久影响人类神经活动的药物，在长期毒性（这是药理学、毒理学研究的一个必经的、严肃的科学过程，是新药研究必不可少的

一环）作用不明，相关实验和研究仅仅处于"萌芽阶段"的时候，这个会影响人大脑神经的"药物"，并不适合用作"常用药"，人人服用——因为人们无法确定，其对人类神经系统的损害相比其"疗效"来说，究竟是一个值不值得付出的"代价"。

"与'达菲'有关的病例正在迅速增加，自'达菲'1999年获准生产到2005年9月，在全球范围内总共记录了126起与精神错乱等副作用相关的病例，而以上这些病例主要发生在日本"，原因则被解释为"因为日本是使用'达菲'最为频繁的国家"，但也可解释为"达菲"有某种基因"专属性"（华尔街金融集团曾经打着"人种起源基因研究"的旗号，雇佣社会各国的"科学家"，秘密采集人体基因样本，这是一个历史后果目前很难评估的历史事件），对东亚人种"影响比较大"，实际如何，目前谁也不知道。本来有一些日本儿童精神服用"达菲"精神错乱的惨痛案例，与主题关系不大，故不予引用。

3. 华尔街的反中医运动与跨国金融医药集团对中医的秘密研究并存

（1）中医药发展与华尔街的打压

1949年以前的旧中国，是跨国金融资本彻底控制的半封建、半殖民地状态，中医广泛存在，但却是违反"法律"的行为。因为，美联储世袭股东，罗氏（罗思柴尔德，不是瑞士罗氏制药）代理人，犹太银行家洛克菲勒家族一直通过罗氏家族拥有的"中国银行"、"中国中央银行"、"中国交通银行"等所谓的"江浙财团"的"八大行"（请参看"中国卷"）牢牢控制着中国政府的一切运作（"行政院长"、"财政部长"就是"中国银行"的行长，也就是罗思柴尔德家族的一个银行雇员）。医药学术领域则控制在共济会建立的"中华医学会"手中，是洛克菲勒家族的"学者沙龙"，中医被明令扼杀，一直处于"存在却违法"的荒谬境地，饱受摧残，直到新中国成立，才走进了大医院，绽放出绚丽的光芒，让世界为之赞叹，感受到古老文明的魅力与中华民族对世界文明百花园的宝贵贡献。（有关洛克菲勒家族扼杀中医的历史脉络，请参看文献："吕嘉戈著.挽救中医.桂林：广西师范大学出版社.2006，3"）。

（2）历史趣闻：瑞士罗氏制药公司与罗思柴尔德家族

他的家族是德国老光照会金融体系下的银行世家，在他出生以前就控制了德国、瑞士等地许多药店、制剂作坊（当时规模类似于手工业，不能简单算作工业化时代的"药厂"或"医药集团"），他本人也是个银行家，是罗思柴尔德家族的投行经理人。1894年，他与合伙人（此人懂药物，有一些医药专利，不是"资本合伙人"，后来就被"排除"在外）马克斯·塔博（Max Carl Traub，1855～1919）组建了"哈夫曼（制药）公司"，资本主要来自哈夫曼的父亲从"德国银行界"的融资，实际上来自罗思柴尔德家族（有关那时德国的金融体系，请参看"德国卷"）。

1895年，他与阿黛尔·罗氏杰结婚（Adele La Roche），1896年公司的名字就改为"Fritz Hoffmann La Roche"，也就是"弗里茨·哈夫曼·拉·罗氏"，这很拗口，"Roche"则是地道的瑞士风格，故后来改为"Roche"，也就是目前欧美联合医药巨头"瑞士罗氏公司"，实际上很难说是哪一国的公司。

图片说明：弗里茨·哈夫曼（Fritz Hoffmann。1868～1920），瑞士罗氏制药的创始人。他是德国银行世家，出生于瑞士巴塞尔，是德国人。"Fritz"在英语中，就是"德国人"的意思。

（3）欧美跨国医药集团的先知先觉与绝对领先的案例

人们也要看到，跨国医药集团对人类健康的伟大贡献，这些欧美金融医药集团能够先知先觉地在病毒蔓延全世界之前，就提前研制出特效药，让很多患者享受到了健康与欧美医药工业的恩泽，人们永远也不应该忘记这一幕。"世界卫生组织指定的它的特效药是前美国国防部长拉姆斯菲尔德任创始董事的那家公司的专利（笔者按：瑞士罗氏制药的"达菲"有效物质提取专利是购买的）"，（文献引用：熊蕾. 了不起的恩道尔. 乌有之乡刊载：http://www.wyzxsx.com/Article/Class20/200909/102815.html）。

瑞士罗氏制药出产的"达菲",每克价值人民币 317 元 [参考文献:刘斌.国产达菲上市·南昌药店暂无销售·可预约购买.新华网刊载:http://www.jx.xinhuanet.com/news/2009-11/09/content_18171113.htm,"记者了解到,上海罗氏药业生产 10 粒装(剂量为 75 毫克),每盒售价 283 元"],2009 年 12 月 30 日黄金价格大约是每克 241 元人民币(不断浮动),"达菲"价格是等重黄金的 1.3153 倍。根据罗氏公司的达菲药物使用说明,一般用法是每日 2 次,每次 1 粒,5 天一个治疗周期。假设中国有 13 亿人口,使用了"达菲"(1 人/1 个疗程),共计需要 4121 亿人民币,约折合 10 亿克黄金,也就是 1000 吨黄金,是 2009 年中国购买黄金总量的 2.2 倍,约等于中国黄金储备总量[1054 吨,"454 吨"、"1054 吨"的数字,均来自世界黄金理事会(WGC),不一定准确,仅供参考](参考文献:中国今年买入黄金 454 吨成全球第一买家.新浪网刊载:http://finance.sina.com.cn/roll/20091229/15177170139.shtml)。

(二)"治疗早泄的神奇药物"

1. "美推出治疗男性早泄新药物,可延长射精时间 3～4 倍"

美好的性生活是很多夫妻的追求,人之常情,所谓的"延长射精时间"过去有时笼统称为"平台期",现在一般叫"潜伏期",也就是原来潜伏期为 1 秒的早泄(PE)患者,可延长至 3～4 秒。"新华网华盛顿 2005 年 5 月 24 日电:据此间媒体 24 日报道,美国泌尿联合会 23 日在 2005 年度会议上透露,一种可以帮助全球数百万早泄男性的药物"Dapoxetine"已经问世……负责研发工作的美国强生公司下属奥尔托·尼尔制药公司已将 Dapoxetine 交美国食品和药物管理局审批"。(参考文献:美推出治疗男性早泄新药物·可延长射精时间 3～4 倍.新华网刊载:http://news.xinhuanet.com/world/2005-05/24/content_2997864.htm)

这个"神奇的新药",美国还没有批准,2009 年 2 月 10 日强生公司(旗下的"Janssen-Cilag EMEA")宣布在芬兰和挪威通过审批。根据强生公司的早期人体实验结果,口服 100 毫克,可将潜伏期 1 分钟的患者,延长到 3.2 分钟,空白对照组(如果是小鼠就不给安慰剂,故称"空白对照",但人体实验则要给安慰剂,但不告知,与给药的"实验组"相对照),也就是安慰剂组(就是告诉他们吃的是一种"神奇的药物",实际型状看起来无法区分就行,一般是无害的淀粉等),也可提高到 2 分钟(这是来自早期剂型，后期可能改进，与本书无关，不予跟踪）。但据说 100 毫克的剂量，有实验者无法耐受就退出了，故此可能上市后，推荐计量是 60 毫克。

2.“神药”的本来面目

（1）从来就没有“神药”

性药物，很有可能会变成“常用药物”，因为药物可以让一个人的性功能透支，性生活质量高，由于追求快感，导致“心理性依赖”，实际上会构成“心理性药物依赖”，也就是类似于毒品的“心瘾”（长期服用就不仅仅是“心瘾”，不服用就“性生活质量下降”，甚至无法达成，陷入终生药物依赖，离开药物夫妻就无法恩爱）。

这个所谓的“神药”，一点都不神奇，2005 年推出，更不是科研问题，而是“商业问题”。2006 年 6 月，与之同为“5-羟色氨再摄取抑制剂”的“左洛复”专利失效（这个药物有时也被叫做“盐酸舍曲林”，“左洛复”属于商品名，还有其他商品名，比如“郁乐复”等），也就是包括中国药厂在内的世界各国医药厂商，都可以申请“移植”，国家批准后就可以生产。“Dapoxetine”（目前媒体有时暂译为“达泊西汀”）与“舍取林”可能有分子结构的不同，剂型工艺的不同，衍生系的不同，但它们没有本质区别，效果也类似，都是类别、机理、“效果”类似的**精神药物**。

辉瑞公司的“左洛复”是精神药物，直接作用于大脑中枢神经，用于治疗抑郁症、强迫症等。“Dapoxetine”与“左洛复”一样，都是“5-羟色氨再摄取抑制剂”，因为“5-羟色胺”这种物质最先是在血液中发现，故被称作“血清素”，“抗抑郁药物”也就是“5-羟色氨再摄取抑制剂”可抑制血小板对“5-羟色胺”的摄入，故也称“血清素再摄取抑制剂”。这的确不错，给人感觉似乎是血小板的问题，但实际不是这样。所谓的“血清素再摄取抑制剂”直接作用于人的脑部神经细胞，作用“显著”——“药物常识国际联合会”主席安·特雷西曾说过：“抗抑郁药物会对大脑形成过度刺激，让人处于类似梦游的状态。”

（2）“5-羟色胺”

“5-羟色胺”主要存在于人脑的松果体和下丘脑，在神经原细胞传递中起复杂的作用，此类物质极多，相关受体异常复杂，有关大脑神经传导物质的认识，目前基本还处于“起步阶段”，用一些物质固然可以影响大脑某些“功能”，但副作用和副作用的机理，甚至连“主治”的实际药理动力学的研究都仅仅是“局部认识”、“功能认识”，而没有系统的安全性理论基

础研究，安全性无从谈起，一句话：没事，"捡着了"，有事，"碰上了"，患者就成了实验用的小白鼠，而不自知。

根据一些早期研究，人为提高"5-羟色胺"在大脑中的含量，也就是破坏生物对"5-羟色胺"的正常"湮灭"（所谓的"再摄取"），可稍微产生欣慰、愉快，增加活动。一些真正的抑郁症患者（不是医药厂家和欧美精神病学给的叹口气就抑郁了的商业尺度），会发生"木僵"，人就在那里不动，想自杀，这种患者可以用药物干预，因为利弊权衡，付出一些代价也无可奈何。"5-羟色胺"含量提高，会破坏人体的射精神经反射，产生药理疾病——射精障碍，即：不射精或延迟射精，是一种不良反应。在辉瑞公司网站提供的"左洛复"药品说明书中，在**不良反应**一栏，有明确说明：

虽然**不能确定**所有事件均是由舍曲林引起的，但我们仍然报告了从临床试验期间及产品上市后的报告中所收集到的所有不良事件（笔者按：这种说法很有趣，因为如果根本"不能确定"，也就是无关，则根本不该也不会列入某一药品说明书针对该药物的"不良反应"，这有规范，不是随便写）：

临床实验资料，即临床研究过程中发现舍曲林（笔者按：即"左洛复"）的常见不良反应有：自主神经系统：口干和多汗；中枢及周围神经系统：眩晕和震颤；胃肠道：腹泻/稀便、消化不良和恶心；精神病学：厌食、失眠和嗜睡；**生殖系统：性功能障碍（主要为男性射精延迟）**

上市后资料：舍曲林上市后，已收到服用舍曲林患者不良事件的自发报告，包括有：自主神经系统：瞳孔变大和**阴茎异常勃起**；全身：过敏反应、过敏症、哮喘、乏力、发热、面色潮红；心血管系统：胸痛、高血压、心悸、眼周浮肿、昏厥及心动过速；中枢及周围神经系统：昏迷、抽搐、头痛、偏头痛、**运动障碍**（包括锥体外系副反应症如**多动、肌张力增高、磨牙及步态异常**）、感觉异常和感觉迟钝。还有 5-羟色胺综合征相关的症状和体征，如一些因同时使用5-羟色胺能药物引起的焦虑不安、意识模糊、大汗、腹泻、发热、高血压、肌强直及心动过速；内分泌系统：溢乳、高泌乳素血症及甲状腺功能低下；胃肠道系统：腹痛、胰腺炎及呕吐；血液系统：血小板功能改变、异常出血（如鼻出血、肠胃道出血或血尿）、中性粒细胞缺乏、紫癜及血小板缺乏；实验室检查改变：临床化验结果异常；肝胆系统：严重肝病（包括肝炎、黄疸和肝功能衰竭）及无症状性血清转氨酶升高（SGOT 和 SGPT）；代谢/营养系统：低钠血症和胆固醇增高；

精神病学：**焦虑不安、攻击性反应、忧虑、抑郁症状、幻觉及精神病**；生殖系统：**月经不调**；呼吸系统：**支气管痉挛**；皮肤系统：**脱发症、血管性水肿及皮疹**（罕有脱皮性皮炎，如多形性红斑）；泌尿系统：**面部水肿及尿潴留**；其他：**有报告舍曲林停药后的症状包括：焦虑不安、忧虑、眩晕、头痛、恶心及感觉异常。**（文献引用：*左洛复说明书.辉瑞制药有限公司网站发布：http://www.pfizer.com.cn/zoloft/sms.pdf*）

问题在于，这不是"左洛复"一个药物的不良反应，而是所有"5-羟色氨再摄取抑制剂"的不良反应，换句话说，是人脑和血液中"5-羟色氨"含量被人为改变，人体天然的"5-羟色氨再摄取"过程被破坏后，对人类健康的损害（这还是欧美医药公司自己公布的）。

3. **"5-羟色氨再摄取抑制剂"与欧美社会的互动关系**（即，广义社会控制论中的"**药理性社会反馈**"）

①新闻背景材料一：

"根据苏格兰健康部门统计，苏格兰现在有 1/10 的成年人每天都在服用抗抑郁药物。2008 年至 2009 年，人口 500 万的苏格兰，医生开出的抗抑郁处方药达到了 401 万颗，比前一年又增加了 17.865 万颗。据估计，在苏格兰，9.7% 的 15 岁以上人口每天都在通过药物和抑郁症作斗争。苏格兰心理卫生协会称，这种情况让人十分"担忧"。"（参考文献：*刘斌.苏格兰人·1/10 的成年人服用抗抑郁药物.人民网刊载：http://fashion.people.Com.cn/GB/10649203.html*）

②新闻背景材料二：

"2001 年，当母亲再次离开的时候，绝望的克里斯多佛离家出走并试图自杀，随后被送进一家精神病医院并开始服用抗抑郁药物，当时的他只有 12 岁。几周后，克里斯多佛再次被父亲"抛弃"，离开从小生长的佛罗里达，来到南卡罗来纳州乡下的祖父家。在那里，医生给他开了左洛复，据克里斯多佛祖父的家人描述，克里斯多佛开始显得烦躁不安，有时还对着自己的皮肤自言自语，而这些症状据一些医生认为是服用左洛复后的副作用……克里斯多佛所服用的由辉瑞公司生产的"**选择性血清素再吸收抑制剂**"（SSRI）左洛复（Zoloft），成为案件审理的关键，辩护律师坚持认为，克里斯多佛的过失是由于药物让他失去了控制。在法庭判决的同时，左洛复的制造商辉瑞公司也发表了一个公开声明，坚称左洛复是安全的，对案件表示遗憾但相信有证据表明克里斯多佛在作案之前的精神状态无疑需要

药物的帮助，"但并不是左洛复导致他的精神不妥，也不是左洛复驱使他去杀人，我们跟陪审团一样都坚信这一点。"去年 FDA 曾准备对左洛复和其他抗抑郁药发出警告称，这些药品可能会导致青少年自杀和暴力行为，但在 10 月正式公布的声明却措辞温和，仅仅提到左洛复会增加自杀的风险，有媒体猜测这可能是制药巨头进行游说的结果。"（参考文献：美 12 岁少年服用抗抑郁药后杀害祖父母被判 30 年. 新浪网刊载：http://news.sina.com.cn/s/2005-02-17/01155850955.shtml）

图片说明：美国少年克里斯托弗·皮特曼，时年 12 岁的克里斯托弗于 2001 年 11 月 28 日枪杀祖父母，被判 30 年监禁。"每一个父母在给自己的孩子服用精神科药物的时候都得小心行事，因为我们的悲剧在将来很可能就会发生在你们身上。"——克里斯托弗的家人在判决后召开新闻发布会

③新闻背景材料三：

"据英国《独立报》2009 年 10 月 3 日报道，据希拉克夫人透露，除了孩子，希拉克最喜欢的就是几只爱犬。Sumo 更是他的最爱。晚上，只有 Sumo 能登堂入室，睡在希拉克的卧室里。但它却恩将仇报，日前恶狠狠地咬了 76 岁的希拉克的腹部。当时，它与希拉克夫人一起刚刚散步回来，本来很放松、很舒服地躺在希拉克夫人的脚下。就在希拉克先生走过来时，它突然一跃而起，对准希拉克先生的肚子就是一口。希拉克夫人说："我非常害怕，因为那里都出血了。太恐怖了，这小家伙的牙齿喜欢血，它变得疯狂起来，想跳起来再咬一口。"希拉克夫人急忙用脚死死踩住狗链，阻止了它进一步行凶。希拉克夫人表示，Sumo 在 2007 年离开富丽堂皇的爱丽舍宫，搬到位于塞纳河畔的公寓之后一直不太适应，情绪低落，有些抑郁。她

对《巴黎人》报说："它是只小狗，离开爱丽舍宫后一直不太适应，不久在公寓里变得郁郁寡欢。"虽然希拉克一家给它服用了抗抑郁药，希望它早日适应从法国"第一犬"到"普通一犬"这一地位的变化。但它还是把一肚子闷气撒到了这位丢了官职的前总统身上。"（参考文献：人走茶凉被犬欺？希拉克三遭前"第一狗"突袭．新华网刊载：http://news.xinhuanet.com/world/2009-10/05/content-12181884.htm）

第五章

华尔街广义心理控制的研究与实践

一、金融战役多棱镜面前的思索

（一）物理世界与妄想世界的理性辨析

人们有性需求，但有必要吃精神药物摧毁大脑神经物质的正常传递来追求"完美的性生活"吗？一个由于不顺利而叹气和苦恼的人，难道不是正常的人类情感反应吗？有必要吃精神药物来改变正常的消极情绪吗？

笔者曾经看过一个美国科幻小说《幸福星球》，里面是一个"幸福"的人，他有一天意外跌入了一个塌陷的深坑，依然感觉很"幸福"，不做出任何应激反应和自我拯救的行动。随着时间的消逝，他逐渐发觉自己的处境到了死亡的边缘，饥渴、恐惧、绝望，让他拼命逃出了深坑和深坑中怪物的追捕，却赫然发现自己站在一个荒芜、悲苦、寒冷、原始的外星球，天上永远乌云滚滚，一些恐怖的剧毒节肢动物在黑影中爬行，又进一步发现自己和这个星球上的人，都是"社会中下层的人"和一些"反抗者"，这是一个没有牢笼的监狱，整个行星都是。每天，都有一种叫"喂食者"的机器人，搜集人们的排泄物，进行化学反应后，添加必须的矿物质和节肢动物的昆虫粉末，人们高兴地排着队，自己把这种仅能够最低限度满足生存的糊状物吃下去，然后围着火堆，脸上都是儿童般幸福的微笑，有些人早上冻死的时候，脸上也是无限的满足，因为"食物"里面秘密添加了抗抑郁药物"YX799"。主人公发现，自己就是发明这个精神药物"YX799"的"纽约超级大苹果公司"的首席科学家、药学家，他几经反抗，最后发现人类社会已经完了，绝望地吃下了"喂食者"的"食物"，很快！他感觉自己的忧郁与不满是那样可笑，天地和四周都充满了诗意，内心涌动着一浪高过一浪的快感、充实与幸福的浪潮，他蹒跚地走到篝火边，在美丽的火焰中看见了自己的父亲、母亲、妻子和孩子们在召唤他，步入美好的世界，四周则是"采集者"机器人在摘去人们的首饰和金牙,人们微笑着和它打着招呼,亲切地称它"鲍伯大叔"。第二天,"喂食者"把他已经冻僵的身体扔上拖车的时候,他脸上依然凝固着幸福的微笑。

人的痛苦、悲哀、愤怒、绝望、忧郁、厌恶、不安全感、焦虑、攻击性,并不是简单的负面情绪,而是地球生物在上亿年,甚至更久的进化过程中逐渐形成的,必不可少的意识认知体系的有效组成部分,是调动人类主观能动性、认知现实、改变现实的精神力和意志力,是心理健康,精神正常的表现。对于一个社会来说,出现一定百分比的"极端案例",都是可以承受的社会代价,因为人类整体得到了最宝贵的东西——真实的认知。跨国金融资本缔造跨国垄断金融药物集团,豢养学者和家族媒体帝国的写手,秘密推动用药物干预人类中枢神经,破坏人类正常的客观认知,让全社会人口 10%,甚至全体都服用精神药物,来消除"不满、忧郁、愤怒、不安",而不是解决导致人们产生"不满、忧郁、愤怒、不安"等社会问题的根源,目的就是通过人为制造**药理性精神病**患者(吃药而在消极环境下也高兴的人,或者在积极环境下也忧郁的人,都属于药理性精神病患者),达成金融僭主体制的广义世界控制,不论是吃了这种药物沉迷于性高潮,还是吃了之后感觉欣慰、幸福、安全、满足,都属于滥用精神药物,不仅等同于吸毒,而就是在吸毒。

这就是金融战役学中的广义社会控制和金融主义的高级阶段——暴力金融主义的一个特征,药理性社会控制体系与植入芯片控制人身别无二致,不论性高潮多么甜美和诱人,宁可孤老一生,也不要吃任何精神药物,改变自己的认知与大脑神经传导过程,不论我们面临多么令人绝望的现实困难,都勇敢地面对它,人不过是永恒物理世界一个无限短暂的物理聚合,如茫茫大海中一朵瞬间即逝的浪花,即便我们面对死亡,也要勇敢地跨越这尊严和真实的永恒,而不能把自己变成一个丧失真实认知能力的药物傀儡,只要认识到,我们正在站在无限壮丽的物质世界中,浩浩荡荡,一往无前地走向无限与永恒,又有什么泪水不能随风而去呢?

(二)当"学术道德"有了价格之后,"学术"必然走向蒙昧

现代技术的本质是人类认识自然,改造自然的工具,也是批判蒙昧的思想武器。但是,在金融主义历史阶段,看似风光无限的学者们,都被纳入了金融僭主的社会控制体制,离开这个体制,就无法生活下去。主导了

世界债务信用的金融僭主，很容易就可以让学者们说任何言辞，因为出卖学术道德固然可耻，但被雇主开除，流落街头则更加可怕。了解明天的最好途径，就是回顾历史。

1. "这样一来就把气温下降的事实掩盖掉了"

2009 年，华尔街投资了一部电影《2012》，里面地球由于太热，而大地融化了，以此配合哥本哈根气候变化大会，在全球推广"碳本位世界货币体制"（就是各国实体经济到华尔街"碳排放指标交易所"买"排放指标"，实际上是秘密篡夺各国"货币发行权"，建立金融僭主家族世袭统治的世界政府的一场金融战役和广义掠夺机制），就在此时"气候门"爆发了。

为了制造"全球变暖"的学术骗局，华尔街出资建立了一个"研究机构"——"联合国政府间气候变化专门委员会（IPCC）"，这个机构是个"科研结果的通报机构"，"科研"则由"英国东安格利亚大学气候研究中心（Climatic Research Unit，缩写 CRU）"组织世界各地的科学家研究，并进行数据汇总。"东安吉里亚大学气候研究所（CRU）所长菲利普·琼斯教授负责两套主要数据，这些数据提供给联合国"政府间气候变化专门委员会"（IPCC）撰写报告。通过该委员会与哈德利中心的联系（为"政府间气候变化专门委员会"（IPCC）供稿的绝大多数科学家都由该中心挑选），他的全球气候数据成了联合国"政府间气候变化专门委员会"（IPCC）和各国政府所依据的最重要的气温数据，当然更是预计全世界气候变暖灾难的依据"〔文献来源：（美）威廉·恩道尔. 气候门丑闻震撼科学界·终结气候交易欺诈. 乌有之乡刊载：http://www.wyzxsx.com/Article/ Class20/200912/117965.html〕

2009 年的某些时候，"CRU"的电脑系统可能访问权限设置有误，导致几千封汇总科学调查数据的科学家电子邮件被广域网访问者复制走了，并于 2009 年 11 月 20 日前后，开始大规模公布于网络。这些信件都是有名的科学家，内容真实（有关人员和该大学负责人，也被迫承认了），却也震撼人心。

（1）原始邮件内容："我刚刚做完了麦克的"自然戏法"，把此前 20 年（即从 1981 年以来）每一系列真实的温度数据都提高了，也把凯斯的 1961 年以来的数据提高了，这样一来就把气温下降的事实掩盖掉了。"（同上）

"CRU"就是找一些"科学家"，把另一些真正的科学家采集到的原始数据进行全面篡改，然后用他人的名字，把"气温下降的事实掩盖掉了"，而把"把此前20年（即从1981年以来）每一系列真实的温度数据都提高了"，然后这些数据就通过"CRU"，提交给"联合国政府间气候变化专门委员会（IPCC）"，进而以此制造一个弥天大谎，华尔街金融僭主集团，就可以用已经成立的"华尔街碳排放交易所"，向全世界诚实劳动的人们出售"工业生产所需的地球碳排放信用额度"，然后还指责诚实劳动的各国人民是在"破坏环境"，他们不劳而获，永远掠夺，统治世界，秘密篡夺各国主权，与欧美各国"金融买办"、"科技买办"集团心有灵犀，秘密推行这场肮脏的金融战役。

（2）二氧化碳骗局——华尔街"碳本位世界货币体系"的基石

这些邮件表明，"迈克尔·曼的报告把"令人尴尬"的中世纪剔除了，那一时期的气温比今天还要高，而那是工业革命之前、人类大量排放二氧化碳之前数百年。"，事实上"琼斯是美英科学家负责推广'全球变暖'的内部人小圈子里的关键人物。'全球变暖'理论是10年前迈克尔·曼用这样的'曲棍球棒'图形表达的：在长达千年之久的气温下降之后，全球气温上升到了有史以来的最高水平。迈克尔·曼的理论变成了2007年联合国'政府间气候变化专门委员会'（IPCC）第二次全球变暖报告的中心议题。早在2003年，加拿大统计学家斯蒂夫.麦考尹提尔就指出了其中的根本性错误。最新的电邮泄露还表明，迈克尔·曼10年前的"曲棍球棒"图形是伪造的。"（同上）

（3）"学术态度"和跨国解雇的神秘权力

有一封电邮攻击那些胆敢挑战全球变暖灾难前景的科学家："我想我们不得不质疑《气候研究》杂志作为一家专业刊物的合法性。也许我们应该鼓励我们气候研究界的同行不再向它投稿，停止引用在这个刊物上发表的文章……我将向这家刊物发电邮，告诉他们，如果他们不解雇那个制造麻烦的编辑——那个应该对此事负责的疑神疑鬼的新西兰家伙，我就不再和它打交道。"（同上）

（4）"CRU"那些参与"全球变暖骗局"的系统造假，超大规模，全世界造假，秘密篡夺各国货币发行权，也就是国家主权的金融战役的"科学家"们，难道就不担心"骗局"被揭穿的法律后果吗？——"一封邮件"

一封泄露出来的电邮私下里承认，过去10年气温一直很稳定："事实是，现在我们不能明着说缺少变暖的数据，我们没有别的办法，这很滑稽。2009年8月在BAMS增刊中公布的2008年CERES数据表中，应该有更

多气候变暖的证明……"最露骨的供认，莫过于气候研究所所长菲利普·琼斯博士写给迈克尔·曼教授（全球变暖"曲棍球棒"图形的始作俑者）的电邮，他毫不隐讳地承认对公众隐藏真实信息的诡计：

发信人：菲利·琼斯

时间：2005年2月2日上午9点41分

菲利·琼斯（写道）

麦克：

刚刚给思科特发去大堆站点数据。你得盯着他这回把每一件事情都记录得更好一点！别把材料扔在 ftp 网页里不管——你不知道有谁会来搜索这些数据。那两个 MM 跟踪气候研究所有好多年了。如果他们知道英国现在有"信息自由法"，我就要把这些文件都删除掉，谁那里都不发。你们在美国的类似法律是否要求你在20天内回应质询？我们这里就是这样的！英国实施判例法，因此收到第一个质询就得回答。我们还有一个数据保护法，我可以躲在它后面。汤姆·维格利发电邮来，他说他知道了这个法律以后很担心——他担心有人会向他要模型的编码。他从东安吉里亚大学（UEA）正式退休了，所以他也可以躲起来。还有一个知识产权问题，我可以预见到，如果我自己和东安吉里亚大学的人发生争议，那家伙会说，我们必须遵守知识产权法！（文献来源：(美)威廉·恩道尔.气候门丑闻震撼科学界·终结气候交易欺诈.乌有之乡刊载：http://www.wyzxsx.com/Article/Class20/200912/117965.html]

令人尊敬的学者威廉·恩道尔先生，对这种在有质询后，蓄意湮灭原始证据的做法，有过这样一段评述："气候研究所（CRU）的领导人琼斯教授关于如何运用迂回技巧避免向外人提供数据的讨论，如果信息自由法令要求他们这样做的话，他们想到了一切可能的借口来隐藏有关他们的发现和气温记录的基础数据。琼斯一直拒绝透露气候研究所（CRU）推算具有巨大影响力的气温趋势的基础数据，今年夏天他竟然声称，来自全球的大部分基础数据都'丢失'了。这太让人惊讶了！最不可饶恕的是，他还建议科学家删除大量数据，**在收到了按照信息自由法要求的质询之后这样干，是明确无疑的犯罪行为。**"

问题是，为什么宁可犯罪也要伪造？为什么相关犯罪和世界性的伪造、篡改数据即便在公布后丝毫不受追究？如果可以把这解释为对犯罪行为的宽容，那么揭露犯罪则无疑是"弥天大罪"了！2009年，试图颠覆世界实体经济运行，彻底中止发展中国家工业化进程、秘密篡夺各国货币发行权为目的的"哥本哈根气候变化大会"的开幕式上，上演了令人震惊的一幕："联合国政府间气候变化专门委员会"主席拉金德拉·帕乔里竟然不去追究犯罪和如此史无前例的学术造假，却在几千封电子邮件被公布后，呼吁世界各国缉拿"肇事者"（参考文献：冯武勇.走出"气候门".新华网刊载：http://news.xinhuanet.com/world/2009-12/09/content_12614190.htm）——很遗憾，不是缉拿篡改数据，威胁他人、湮灭原始数据的罪犯们，而是揭露这件事的人（尽管这些电子邮件已经被各方确认，可能是华尔街第一号的"泄密大案"，可惜这些真实数据本来是必须公开的，而被蓄意篡改和湮灭，这很滑稽，但又让人笑不出来）。

（5）被公布于众的"学术信件"的部分"科学家"（仅为数千封邮件中的举例，几乎世界各国都有"专家学者"涉及其中，令人歔欷）

迈克尔·曼教授，政府间气候变化专门委员会，"地球变暖曲线作者"；

负责人菲尔·琼斯主任、吉斯·布瑞法、本·桑托，英国东安格利亚大学气候研究中心

詹姆士·汉森，美国家航空与航天局戈达德空间科学研究所

2. "打得满地找牙！"

也许读者会有一个疑问：这些被篡改了原始数据的科学家们，会不会抱怨呢？虽然发现很难，但如果有抱怨存在，替"联合国政府间气候变化专门委员会（IPCC）"汇总世界各国原始气候数据和研究结果的"CRU"，又是如何应对呢？答案是如此的疯狂和脱离任何道德底线！

（1）背景材料一：

"一封邮件中，一位 CRU 的科学家辱骂怀疑气候变暖的同行，威胁要把后者'打得满地找牙。'"（文献来源：英国气候研究中心被指操纵数据支持气候变暖论.科学网刊载：http://www.sciencenet.cn/htmlnews/2009/11/225607.shtm；"科学网是由中国科学院、中国工程院和国家自然科学基金委员会主管，科学时报社主办的综合类科学网站"）

这是科学"探讨"吗？不，这是赤裸裸的人身威胁。

（2）背景材料二：

"这些科学家在打压不同意见。CRU 的另一位核心专家在他的邮件里说，**他会联络 BBC 的环境记者 Richard Black，质问对方为何有另一个该媒体的记者被允许发表含糊的气候怀疑论文章**"（同上）

这说明，"CRU"在媒体上"有人"可以"打招呼"，埋葬真相（有关BBC等媒体的跨国拥有者，请参看"英国卷"、"美国卷"），这不是"科研"，非要与"科研"挂钩，既是"科研造假"，赤裸裸的系统伪造数据，威胁俄科学家、操纵媒体，这简直是一场史无前例的"科研闹剧"。

（3）背景材料三：

"记者查阅一份遭曝光的邮件显示，CRU在2007年发表的IPCC第四次评估报告中，有意识地不采用1976年至2005年大气温度测量值作为30年气候趋势基准，而是继续使用1961年至1990年为基准，原因是考虑到后者可以'更完美地'证明'overinflate'（不断扩大的）变暖的趋势。还有一封被曝光的CRU主任琼斯教授发给几位气候学家的电子邮件，**谈到了利用一种'手法'来掩盖气温'下降'**。琼斯还建议他的同事删除那些与IPCC第四次评估报告有关的电邮。"，"CRU"为什么要避免使用1990~今，的气候数据为基准呢？道理很简单，"另一封来自美国气候学家的邮件里提到，科学家无法解释最近几年**全球气候变暖减缓**"（同上）

综合"CRU"汇总世界各国科学家的研究和观测数据，地球在1961~1990年，稍有变暖，此后"气温下降"，实际上1906~2005年，这100年期间，地球平均温度升高才0.74摄氏度，且从1976年"**全球气候变暖减缓**"，就是地球温度有涨有跌，1981年，开始逐渐变冷了（幅度也会很小）。本来，这才是真实的数据和科学结论，可通过"CRU"负责人菲尔·琼斯教授（Phil Jones，2009年11月20日这几千封科学家数据汇总邮件被公布后的2009年11月24日，他连夜提出辞职）为首的"一些科学家"通过"截取气候变化涨跌曲线中上涨的区间数据"、公开伪造数据、公开对讲真话的科学家进行人身威胁、操纵媒体等手段，把地球从1981年以后开始"**气温下降**"的数据，篡改为"全球气温变暖"，然后通过"联合国政府间气候变化专门委员会（IPCC）"和金融僭主拥有的欧美跨国媒体，广为渲染，通过2009年哥本哈根气候变化大会，强迫各国在现有基础上进行"减排"。

中国的人均能源消耗才是美国的6%~8%，这与中美工业化水平之比，人均产值之比类似，如果从此开始"减排"，中国的工业化进程，将会戛然而止，即便美国工业化发展也停止，那么也必须明白：一个骑着三轮车的人也是永远无法追上开着汽车的人，一个人，一个民族，一个国家，都必须遵循物理法则，而不是谎言。

更为糟糕的是，不论世界各国的学者、媒体、个人，谁支持毁灭自己的国家，就会得到华尔街金融情报体系的扶植，反之就是打压，这种"指鹿为马"造成的人事后果，比"减排"更严重。

（二）从"脑白质切除"，到"抗抑郁药物"

1. "抗抑郁药物"与跨国金融资本

目前，全世界的医药巨头都控制在欧美跨国金融垄断家族手中，一些由于吃了（同上，《食品工厂》）转基因玉米，并被大量注射抗生素和激素的牛，终于孕育出了"可传染性活性蛋白颗粒"，这些牛、鸡，不能走，在那里"活"着，这些"生物"身上的肉，就被美国跨国食品集团（比如美联储股东华尔街犹太高盛银团等）送到了人们的面前，牛骨、内脏等就被高燥粉碎，然后作为"蛋白添加剂"饲料。世界各国的转基因食品的拥趸——科学家们，没有影响力的被忽视，有影响力的被送一些该国转基因产品的研发销售公司的"专利提成"，就这样全世界都在吃华尔街要人们吃的东西，各国的优良种子被秘密消灭了，很多已经永远消失了。

人们还可能说"我不懂这些"，好吧！那么目前欧美国家已经有10%以上的人每天吃"抗抑郁药物"，从而高兴并顺从起来。之所以有人还在呼吁，提出滥用精神药物是令人"不安"的趋势是在步入泥潭，不过基于这种"不安"的认知预警本能，无疑是"焦虑"（西方精神病学把焦虑症界定为低于抑郁的反应，吃药后就"不焦虑"了），无疑也需要"治疗"。问题是，当所有人都每天服用"抗抑郁药"而彻底摆脱"抑郁感、不幸福感、反抗意识（攻击倾向）"的那一天，自由的灵魂将不复存在。

目前，"抗抑郁药物"，还有很多副作用，有些人耐受不了，可如果有那么一天，"抗抑郁物质"可以添加进食品，"无害、增智、强身、去病、多次强烈完美的性高潮、欣慰感、幸福感无时不在"，那么，人们还有别的选择吗？

2.美联储与"优生学"的第二种模式

（1）社会达尔文主义与优生学

"Eugenics"这个词汇，自古就有，目前被翻译成"优生学"，本意已经被遗忘了。这个词汇的原意是"出生好、出身好的人"，在英国就是指金融贵族、传统贵族等门阀家族，余下都是"出身不好的"。19 世纪，这个"出身"，开始只是有钱的人，没钱的传统贵族也是"出身"不好（所谓的"破落贵族"）。英国共济会成员查尔斯·达尔文（1809～1882）一直被说

成是"无神论者"、"反宗教蒙昧的先驱",这是一种误解——达尔文的确反对天主教、新教等(他本人就是神学院毕业的正式牧师),但共济会本身就是秘密宗教会道门,崇拜的就是"魔鬼撒旦",也就是"魔鬼崇拜"(黑圣经宗教,请参看"英国卷"),把邪恶、黑暗、大腿骨、泥浆、骷髅、棺椁、死亡、犯罪、背叛,当成"路西法的道德体系",举行仪式至今还要用到这些"概念",很可怕,但又是真实的现实。"魔鬼",也就是"路西法"、"光照者",但还有一个名字,就是"自然神",故此达尔文进化论中的"自然"与我们所处的物质世界是不同的,是"自然神"统治下的世界。

达尔文是伦敦金融城的一个银行雇员,银行武装东印度公司的海军军官("贝格尔号"军舰),不是一个学者,而是一个"探险家"。"达尔文主义"说的好像是自然,实际上是"社会",也就是"社会达尔文论"——"弱肉强食"是合理合法的"物竞天择、适者生存"。所以,**达尔文生物进化论有力地推动了欧洲社会进步**,但"社会达尔文论"是一种人性的倒退和兽化,两者不能混为一谈。

达尔文《物种进化》是1859年发表,这是一个团队,实际上不完全是达尔文个人的文字,还包括弗兰西斯·高尔顿(达尔文的表弟,公开宣扬"劣等人口")、阿弗雷德·罗素·华莱士(1823~1913,政治人士,共济会成员马尔萨斯和达尔文的书籍,都不是完全由他们自己写的,罗素·华莱士起的作用"具有决定性")。

背景介绍:

①马尔萨斯很多东西"编著"自西斯蒙弟的《政治经济学新原理》,然后进行歪曲,得出一个人类必然灭亡的结论,以此恐吓性"推销",背后就是"消灭劣等人口"乃至"劣等种族"。一些"学者"对马尔萨斯问题的历史危害性,毫无认识,摇旗呐喊。只要站在镜子面前,就会可笑的发现,他或她不过是"优生计划"的一部分。

"一个来到世界的人,如果父母无力抚养他,而社会又无法使用他的劳动,他就无权得到一点食物。"——马尔萨斯,1798年发言。

所以,罗思柴尔德家族扶植起家的希特勒集团(纳粹德国的毒气,几乎全部由罗氏银行代理人,当时美联储沃伯格家族的纳粹德国军工联合体法本集团生产,请参看"德国卷"),就以此为理论基础,杀死残疾人,杀死"劣等种族"(很幸运,苏联伟大的卫国战争胜利了,不然中华民族的反帝斗争会更加艰危)失去劳动能力的人;欧洲跨国垄断金融资本豢养的拿破仑集团（他不是法国人，请参看"法国卷"），大规模毒杀法国受伤的士兵，这就是共济会宣扬的"优生论"的历史危害性。

②达尔文团队的学术研究

图片说明：（左）查尔斯·罗伯特·达尔文（1809～1882），英国共济会成员，《物种起源》署名作者；阿弗雷德·罗素·华莱士（1823～1913），英国共济会成员，《演化论》的作者。

1859 年，达尔文《物种进化》发表，此后达尔文团队又出版了一系列书籍。1869 年，达尔文表弟弗兰西斯·高尔顿发表了《遗传基因：关于其法则和结果的探究》，把生物达尔文论公开引向社会达尔文论："我以最绝对的态度反对人人生来平等的借口，一个明智且进步的国家应该在她的更合适的人种或血统被贫穷阶层的多产交配习性所湮没之前，鼓励在该国宣传（优生论）和增加优良人种的数量"。社会达尔文论的拥趸意大利医生切萨雷·隆布罗索则更加直白地提出了如何"最终解决"他眼中的"劣等人"的"方式"："他们天生邪恶，所有的社会治疗方案一遇到他们会像碰上岩石一样被撞得粉碎，这一事实迫使我们要彻底根除他们，甚至不惜使用死亡的办法。"（参考文献：张莲妹编译.残酷的往事·美国的人种净化.北京：世界博览.2004 年第 3 期）

实现这些"现成的理论"，不需要太多的知识，却需要绝对的残酷与冷漠，把人性彻底抛开，大抵就可以做到。故此成了美国《绝育法案》和纳粹德国《绝育法案》的"学术基础"。欧美一些"基金会"有时会在不发达国家组织一些"漂亮宝贝婴儿"的评选，作为优生论的社会公关措施。抛开这背后的复杂性不谈，单就人类绝大多数人，并不那么"好看"，"超级帅哥"和"超级美女"，"人性丧失，却智力超常的科学家"与"毫无感情，

却绝对理性者"仅占极少数的现实来看,"漂亮"、"帅气"、"智力"、"理性",并没有推动生物进化,而是进化过程中,一个"极端因素"是社会进化边缘的产物,过度追求"完美",是一种偏执的认知与妄想,是走向毁灭与疯狂的第一步。

（2）美联储股东的社会控制体系的选择:消灭,还是利用?

早期共济会由于魔鬼崇拜的"信仰属性",一直单纯地要破坏、颠覆"人类社会"（从共济会宗教世界观来说,是"夺回我们被人类侵占"的世界,详情请参看"英国卷"）,但推动这一切的无疑是欧洲跨国垄断金融资本。整个18世纪,共济会缔造的优生论的整体目标就是"杀死全部的劣等种族"和"高等种族中的被淘汰者",19世纪初则出现了两大实践体系,都由美联储洛克菲勒家族和摩根家族在幕后推动:第一种就是纳粹体系和美国体系的《绝育法》,从"肉体"和"繁衍能力"上消灭;第二种就是银行家发现,如果能让所有人变得无比顺从和听话,那么无疑是"最佳方案",这就产生"顺从化研究",主要有药物、手术、广义心理欺骗,药物与广义心理欺骗（非侵入型洗脑）。也许受限于"技术手段的历史局限性",洛克菲勒基金会对于用简单的"手术",批量"消除反抗"制造不影响劳动,又绝对不抱怨和顺从的人很感兴趣,进行了大量投资,也包括摩根财团通过铁路大亨铁路大亨 E.H.哈里曼遗孀玛丽进行"资助",由于华尔街寡头资本的介入,"优生学记录处"（简称 ERO,1910）被建立起来,这个"记录处"所记录的档案,目前已经消失了,如果公布的话,人们会毛骨悚然,人体脑部破坏实验、精神病"电击疗法"（"由于疾病的影响,美国精神病人中很多都不承认自己有病,但经过电击疗法,都会立刻承认自己有病,签署任何托管协议",这是真实的昨天与今天）、对未成年人进行秘密"绝育"。

哈里曼集团就是虎门销烟时,罗思柴尔德家族在中国控制的三大贩毒集团中的"美国罗素公司"（旗昌洋行的美国名字,所谓的"常春藤系"大学,正式名称叫罗素系,请参看"日本卷"、"英国卷"）缔造,罗素家族的"威廉·罗素"通过建立光照会美国分支,这是罗思柴尔德家族彻底摆脱了德国法兰克福古典光照会体系影响,把光照会金融资本据为己有的分水岭,洛克菲勒、罗素、哈里曼等都是这个体系的核心,也称"骷髅会"体系,骷髅会的罗素基金,就是罗思柴尔德家族缔造的美国最大的贩毒集团"罗素公司",也是美国中情局与英国秘密情报局的缔造者之一,这是美国贩毒问题一直无法得到根治的根本原因。

图片说明：威廉·科尔比，曾任美国中央情报局局长。

这里说点历史趣事：中情局体系与联邦调查局一直有矛盾，这与早期德国法兰克福犹太银团与英国苏格兰银团的较量有关，后来则更加复杂，与很多家族矛盾有关。福特家族短暂控制了美国白宫，就发动了著名的"万圣节大屠杀"，对中情局展开调查，矛头直指犹太银团（福特基金会就是联邦调查局体系，早期《锡安长老会纪要》的美国版，就是福特家族在美国传播的），时任美国中情局局长的威廉·科尔比，怕自己被当做替罪羊，他就"向国会揭露了中情局的众多隐私，包括涉嫌毒品走私案"，这可捅了马蜂窝！他不仅丢了官，后来"科尔比在外出划独木舟时突然失踪，几天后，他的尸体在其住所附近的一块沼泽中浮了上来。"（参考文献：历任中情局长的不同命运·或被迫下台或离奇丧命. 中国国际广播电台国际在线刊载：http://gb.cri.cn/8606/2006/05/17/145@1047647.htm）。

罗素公司与摩根财团共同建立了哈里曼铁路体系和卡耐基钢铁体系，都是罗思柴尔德家族的私产。19 世纪欧洲的央行逐渐被罗思柴尔德家族主导，不是由罗氏建立，就是由罗氏控股，全是私有财产，货币自然也就是私有的信用符号，欧洲央行的股东是德意志银行等欧洲各国的央行，而这些央行都是罗氏家族的金融企业。

3. 脑白质破坏

威廉·霍华德·塔夫脱（美国总统，1909～1913）、后来担任康涅狄格州首席大法官的西梅·鲍德温、学者托马斯·贝尔然、神经外科大夫哈维·库什和骷髅协会的创始人威廉·鲁塞尔（笔者按：就是"威廉·罗素"，这是译法不同）。聚会每两周举行 1 次，内容包括晚宴，通常是扇贝、牡

蛎、冷牛舌、饼干、发酵饼、茶和咖啡，以及开发智力的讨论，讨论的主题包括 1856 年的"知识分子应该如何对待奴隶制"和 1947 年的"正前额脑白质切除术"。——（美）亚历山德拉·罗宾斯

　　[参考文献：（美）亚历山德拉·罗宾斯，祁冰译."墓地"的秘密·权力的隐秘通道.北京：中信出版社.2005；这本书的英文书名是"Secrets of the Tomb: Skull and Bones, the Ivy League, and the Hidden Paths of Power"，这个译法是遵循我国引进出版时的书名，原书名直译为"坟墓的秘密：头盖骨与尸体，常春藤联盟和秘密的权力之路"，主要是一部骷髅会历史]

　　1876 年，罗思柴尔德家族利用其在欧洲秘密推动的金本位思潮，在葡萄牙建立了"葡萄牙国家银行"（CGD，因为金本位货币，似乎谁发行都一样，罗氏就这样通过金本位骗局，秘密篡夺了葡萄牙等许多国家的货币发行权，成功建立了金融僭主体制）。他们利用了德国纳粹希特勒集团的"优生学思潮"，在第二次世界大战期间在"和平的葡萄牙"（希特勒没有占领葡萄牙，因为罗氏拥有的葡萄牙是纳粹德国钨产品的供给地，且"中立国"的身份为法本公司提供了源源不断的资源，包括"来自与美国的贸易"），大肆开展"精神病学研究"。

　　安东尼奥·埃加斯·莫尼斯（1874～1955），本来就是一个银行代理人，是早期葡萄牙的外交部长，还是第一次世界大战后葡萄牙巴黎和会的领队，本身是个政客，却由他"发明"（实际上很难说是谁"发明"的，这需要的不是智慧，而是黑心肠）了"脑白质切除手术"，并在 1949 年，因为这个魔鬼一样的"脑白质切除手术"，他得到了欧洲金融集团建立的"诺贝尔奖"医学奖。单就这个名称而言，就是一个误导，让人误以为是"切除病变组织的开颅手术"，实际不是，也不开颅，是破坏正常的中枢神经，而不是切除病变的脑组织。用电击把人打昏（这是 1936 年，美国医生沃尔特·弗里曼的一项"改进"，因为这样不需要麻醉，又便宜又方便，有一个高压电棍就行了，反正手术后的"患者"，已经不会抱怨了，1936 年以后的"脑白质切除"都是用电击替代麻醉），然后用钢箍把人骨简单固定，人就不反抗了，扒开眼皮，用器械从眼球后插入大脑，就这么简单迅速。

　　此后，这个人让他干什么就干什么，不会反抗，虽然也会说，也会笑，但你不让他说就不说，特别听话，特别顺从，甚至可以参加文艺表演，但都很机械，没有目的性，也不要求回报，丧失一切反抗心理，但又保留了劳动能力，这比"消灭"还要"精彩"——请注意，这个"手术"就是专门用来"治疗""抑郁症"、"精神分裂",凡是一切"不满"和"反抗",都被列入"抑郁、狂躁、攻击性",然后关入精神病院(美联储史鼻祖,历史学家艾兹拉•庞德就被华尔街秘密关押在精神病院13年之久,传承者莫林先生找到华尔街的银行家,恳请释放,得到的答复是:"你的朋友在他应该在的地方",这让莫林先生终生难忘)。

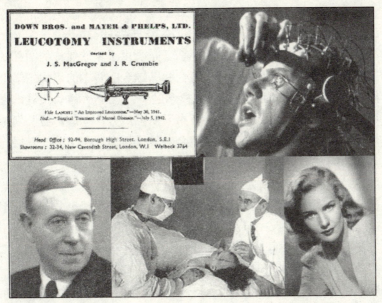

图片说明:

(1)(左上)这是脑白质手术的"脑白质破坏器"的厂家说明书,把针头一样的锥子插入头部被固定的"患者",然后按尾部操纵杆,前面就打开一个铁杆,后面一转,人的中枢神经就被搅碎,"脑白质"也就破坏了(很多人从此成了"废人")。

(2)(右上)这是美国电影《发条橙》中脑白质破坏的一个过程,这个比较真实,因为实际上并不麻醉,相关"医学记录"都在缔造"优生学记录处"(ERO)的洛克菲勒基金会手中,可能有真实录像,但很难找到,因为美国人民和"患者"家属可能"接受不了"这样的真相。

(3)(左下)安东尼奥•埃加斯•莫尼斯(1874~1955),曾任葡萄牙外交部长,1949年由于"发明脑白质切除手术"(很难说是他的发明,真正的大规模"应用"在美国,而不是欧洲,这有点策略性),获得诺贝尔医学奖。

(4)(中下)美国医生沃尔特•弗里曼(右)"脑白质切除手术"的"展示照片",也就是不用手术室、不用麻药、不开颅钻孔。

（5）弗朗西斯·法默（1913～1970），美国著名演员，不是因为访问过苏联，而是由于酒后驾车、打架的原因，被秘密送入精神病院，囚禁 11 年后，经历了电击、药物、冰冻等各种精神治疗，效果不佳，最后被实施"脑白质切除手术"，手到病除，旋即出院，甚至被送到舞台上，还演过戏，但有评论说："舞台上那个充满神采的弗朗西斯已经死了，此时这个木偶的一动一笑，让认识她的人心里都在流泪"。

二、简述广义社会心理控制的种类与手段

不论马尔萨斯是否属于"原创学者"，是否由于家族遗传的面部畸形导致一些负面心理，都要承认他对共济会和跨国金融资本的"优生学"理论有着巨大的理论基石作用，他提出的概念之一："生产力增长反过来也刺激人口增长（所以要限制人口，还要考虑限制生产力，也就是要长期地、有计划地破坏社会发展）"，这对于后期金融战役学理论与实践的发展，产生了重大的影响，历史后果深远。

虚拟经济学、广义社会控制论、个人行为优化论是金融战役学的三大理论基石，民族历史心理学、广义决策论仅属于一些理论分支。原因就在于虚拟经济、社会控制、个人行为反馈，都是来自人的思想，并作用于人的思想，脱离了人、脱离了人的思想、脱离了人的社会，就毫无意义。洗脑是广义社会控制策略中的一环，这里仅想简述一下非侵入型洗脑。

推广精神药物人人服用、对一些人实施"脑白质切除手术"、散布一些有精神影响的物质……这些都属于侵入性洗脑。非侵入性洗脑则更加常见，更难以防范，就在人们身边，不停地发生着（这里仅仅举例，不系统陈述，这属于广义社会控制论的范畴）。

1. 声音洗脑案例：低频刺激

由于声音播放设备越来越进步，0～50HZ 的声音，也逐渐可以比较完美地记录和表现出来，在目前除了胶片、模拟磁带和 20 世纪 80 年代末的模拟光盘外，基本都是数码记录，播放多少次都一样，没有衰减）。

人的身体，由于水分、脂肪、肌肉、骨骼、黏膜等的构成不同，都有不同的共振频谱，一般在 0～25 Hz（胸腔内脏约在 10～12 Hz 或 20～25 Hz；头部约在 2～30 Hz；心脏约在 5 Hz；眼部约在 18～50 Hz；脊柱约在 30 Hz；手约在 30～40 Hz；足部约在 4～8 Hz；肩部约在 2～6 Hz），早期模拟录音设备很难再现。伸出右手，握拳，中指指节部突出，然后贴着耳朵，不要来回蹭，慢慢稳定的收紧肌肉。这时，如果屋子里面很静，听力又比较

好，就可以听见一种"嗡嗡"的低沉之声随着肌肉用力的程度加大或减小，这就是肌肉工作时的声音。不同音频的共振，可刺激身体的不同部分，带来各种被洗脑个体不察觉的身心后果。

举例（仅为假设）：出现对手时，就实施 350Hz 以上，某个令耳膜感觉不舒适的频谱（但绝大多数人听不见）；自己需要时，就使用可引起轻微愉悦的肌肉共振的频谱声音，力度让人感觉"正好"（当然，这也可以调整为引发不愉快和疲劳感，谈判中可让对手更容易让步，5Hz 的心脏共振频率如强度足够，可诱发心脏病，不引人察觉地改变他人），这就是构成了声音洗脑。问题是，这也可以在邀请对方国家首脑时，在某个特定的单独会谈环境下使用。对某些问题的影响，还要复杂和现实得多。

2. 图像洗脑——升降排序

图像洗脑的手段和策略很多，这里仅提一下电视时代很容易实现，而过去很难实现的"升降排序法"。

人们对一个画面，尤其是动态、有丰富色彩的画面，很少关注远景和背景，但实际上远景和背景又被大量采集，然后进行潜意识处理，进入大脑认知序列。通过系统的操控，就可以影响人对前景画片表现内容的判断与评价。

例 1：用背景不断闪烁的速动画面，可有效诱发癫痫和疲劳感，某一个针对儿童节目的广告性卡通节目，可通过这个方法产生"排他性宣传"。

例 2：当表现金融军火集团的公关形象出现时，背景是引申为宁静感、安详感的壁炉、乡村，或人们习以为常的"柔和活动"，但对于需要排斥的形象出现时，用远景色彩对比不协调、远景画面可产生由下向上运动错觉的、隐约浮动的"不稳定感"（引发下坠恐惧，并与前景主画面构成条件反射性关联），这就可以长期影响观众的世界观，比华尔街传统的"前景修饰策略"要隐秘得多。

3. 统计采样骗局

（1）回顾性统计骗局

华尔街收买的一些记者、学者，作为"历史见证人"，对某一些关键事实进行"回顾性统计"，这在统计学中是成立的，实际上沦为"信口胡说的原始文献"，而丧失了统计的意义，扭曲了事实。

（2）采样权骗局

华尔街对于社会统计，一直牢牢控制着"采样权"，然后统计的数理过

程，又符合数学运算的过程。20世纪70年代，美国率先进入了金融主义的第二个阶段：债务金融主义阶段，从此陷入经济持续滞胀的泥潭，这是一场永无尽头的资本主义总危机的开始。但欧美各国的"学者"、"政治家"、"媒体"又是如何通过统计结果，得出资本主义飞跃发展，经济危机全面消失的荒谬结论呢？

举例：原材料、能源、土地的价格无疑影响工业社会所有商品价格的涨跌，此三者的通货膨胀，必然是社会性通货膨胀，以这三者为统计采样的基础，会一下子看出美国从20世纪80年代开始，实体经济陷入了停滞和衰退。怎么办呢？

①改变采样名称

美国华尔街·财政部金融情报体系，把通货膨胀分割为"货币流动性"（还有好几种）、"经济增长"（如纽约的加油站，1千克某标号柴油，从10美分上涨到10美元，相关国民生产总值的统计数字就增长了100倍，无疑是大繁荣、大发展，背后则是烈性通货膨胀）、"价格变化"等诸多名目，严重且漫长的通货膨胀和经济危机不仅神奇地消失，还变成了史无前例的飞速增长。

②采样权把价格飞涨统计成价格逐年下跌

这是金融战役虚拟经济领域的控制策略，或者称之为"鬼把戏"，克林顿时期最为显著，很多人并不理解克林顿、里根、肯尼迪、林肯、罗斯福等人对华尔街虚拟经济发展史和金融僭主体制的历史意义。

克林顿的"信息时代"理论，似乎让美国社会脱离了土地、粮食、原材料、能源产品构筑的物理工业化存在，而进入了一个神奇的，摆脱了物理法则的奇妙空间，物价上涨，变成了物价下跌。原材料、能源的采样，由于"落伍于信息社会"而不予采样，采集"重要的运算能力"和"信息实体产品"。

前者，20世纪70年代10亿次/秒计算机的价格是1000万美元，现在一部手机就有10亿次/秒的运算，才200美元，价格下降了很多！

后者，特别有欺骗性，看似还是"实体商品采样"。

①统计呼机的价格。呼机（BP机）在美国有近20年的发展史，开始价格很贵，然后慢慢降下来，以便和新产品，比如手机竞争，只要不断采样"某一区间的信息实体电子产品"，就会得出"信息社会物价永远不断下跌"的荒谬结论。

②统计电脑保有量。20 世纪 60 年代美国电脑全部是大、中、小型机或巨型机,人均拥有量远远低于 21 世纪初的统计数字,手机、电脑人人拥有,据此做一个好看的图表,统计曲线会特别有"说服力",由此证明美国经济发展了,人民生活水平急剧提高。

(3) 随机统计骗局

随机统计的采样方法,被很多人坚信不疑,实际上大有文章:

①1920 年用电话随机拨号的方式,向不认识的被访者询问:"您认为目前物价可以承受吗?",2010 年同样随机采样,就有本质的不同,因为 1920 年电话拥有者都很富有,这是"采样权骗局"的一个变种。

②纽约某大报在报社附近沿街随机提问 100 个被访问者,得出金融立国是人们拥护的;华尔街的人群信用度为 100%,整个过程没有造假,但实际上却是一个骗局,因为该报位于曼哈顿银行区,报社就在银行大楼里,被采访的都是随机出入的"银行经理人"。

③苏联崩溃之前,华尔街媒体做过许多随机统计,人们对于出卖国企都特别支持,都认为苏联正处于历史上最好的时期(由于烈性通货膨胀,国企覆灭,民企买办化,物价飞涨,纸币统计下的国民生产总值,却因戈氏的"新思维时期"出现了"迅猛的飞跃"),这些统计都是在一些经济寡头参与的茶话会上进行的,并不具有代表性,却又"没有造假"。1992 年,俄罗斯总产值才折合 192 亿美元,低于最落后的南部非洲国家,原因在于整个俄罗斯没有任何国有企业,遍地矿山、工厂都是外资企业赚取俄罗斯财富的桥头堡,这种"俄罗斯产值的增长"不仅没有任何好处,还给俄罗斯带来了逐年积累的、严重的隐性贸易逆差(外资企业卖的货越多,最终利润离港时,对俄罗斯金融的压力越大,这种"产值"是隐性逆差,不过是在俄罗斯生产,控制着俄罗斯实体经济的命脉罢了)。国民经济倒退回了最落后的原材料国家(比农业国还要落后),至今俄罗斯人均收入还低于 1980 年时的苏联(还不考虑美元购买力的变化)。

开始,一些来不及对外资开放的军工企业还是中流砥柱(吃苏联"老本"),但一些零配件厂由于引进外资,华尔街金融情报体系仅用笔写下几个数字就控制了苏联建设几十年的国防工业体系,轻松地、系统地介入和破坏,使飞机厂产不了飞机,船厂产不了船,按时交货都很难。密码设备厂、航空航天联合体(飞机导弹等)、核工业联合体(核武器)、兵器联合体(比如,AK 系列都已经几易其手,目前与米格集团一样又要卖了,不过

由于技术秘密全无，产业链被系统湮灭，除了品牌没什么可卖的了）都引进外资之后，国家的军队就必须进驻外国的"技术人员"、"随军维修人员"、"密码设备调试人员"、"核弹控制器技术保障人员"……所以，戈氏宣布苏联解体时，苏联貌似强大的武装力量基本没有任何反弹，温顺地接受了祖国分裂的命运。

这里说一件陈年旧事，俄罗斯军队曾经与车臣武装人员达成"停火协议"，车臣分裂主义武装人员不仅受到美国总统接见，而且武器精良，俄罗斯前线官兵发现合资军工厂生产的炮弹"很响、烟雾很大，但没有力量"，后来改用民兵用的早期封存弹药，结果火力远好于"私营企业的新产炮弹"，有一个前线指挥官对着西方战地记者的镜头喊："这是怎么回事，怎么回事？"，然后用手指着不远处牺牲的战友。

明朝末年，1626年5月30日（明朝天启6年），明朝在北京的兵工厂发生神秘的军火爆炸之后，崇祯不相信本国的军工人员，而把明朝的国有军工联合体交给了"西洋人"（明朝这时已经能造机关枪和现代大炮，也就是开花炮，比100年后的欧洲军事工业都要先进，大量先进的军事科技全部流失，崇祯吊死煤山，一点也不冤），这个殖民化、非工业化的战略趋势再也没有扭转，直到新中国成立。明朝建国时依靠热兵器的大量应用打败了强大的元朝骑兵，明末崇祯把国营军工体系合资并交给"西洋人"主导后（请参看"中国卷"），生产的武器却对后金骑兵威胁有限，让很多不明原因的明朝儒生痛心疾首。明朝崇祯4年（1631）金榜题名的进士吴伟业（1609～1671）明亡后著有《鹿樵纪闻》，在"虞渊沉"中，留下了千古一问："城上不知受何人指，西洋炮不置铅丸，以虚击，声殷雷达旦，而不杀贼一人。"

华尔街情报人员用一些空壳外资企业，投资苏联国有企业，把军舰拆成块，然后毁掉一切技术资料，炸毁基础建设，卖了地皮后，就走了。华尔街各种基金会，投资引进外资的苏联情报体系，把原来隶属国家安全委员会的档案馆、密码设备厂、设备研究机构与工厂的成百吨秘密原始档案当作废纸，秘密运往美国，然后销毁一切技术资料、留下精心伪造的档案（俄罗斯目前很多档案很难辨别），这中间包括苏联驻外情报人员、几十年为华约服务的秘密战线的战士们的一切情况。苏联党报《真理报》在戈氏"新思维运动"中，被从国家机构改为《真理报》企业集团，然后交由华尔街金融情报体系并购，沦为金融僭主家族肢解苏联的舆论工具，至今专门散布一些政治谣言和可笑荒唐的花边新闻（还在愚弄一些留恋苏联而又不知真相的俄罗斯民众）。

问题是，这样一个明显的非工业化趋势、经济殖民化、国家分裂化和烈性通货膨胀的战略态势，之所以在苏联解体前的统计采样上表现为"人人支持、经济飞跃、外汇储备骤增（控制苏联实体经济初期流入的美元流动性）、贸易规模和顺差持续增长（外资控制苏联经济的过程中，利用苏联廉价劳动力和现成工业体系"苏产美消"的结果）、实体商品产量大幅增加（实际上是苏联本土消费持续低迷，而外资把实体商品运回国内，产生的一个虚假出口统计，这种顺差的本质是逆差）"，而又禁得起统计数理验证，没有造假的关键在于：随机统计骗局起了作用。

（4）加权骗局

华尔街寡头拥有欧美所有的大学，豢养一些"学者"对各种统计数据进行"加权"，在学术旗帜的掩盖下，任意改动运算公式，就可以任意操纵统计结果。

（5）个案对比骗局

举例：找两个情况类似很封闭的小山村，然后调查，得出原始数据。然后，不管 B 村，专门给 A 村的每一户人家发一本华尔街自由主义经济学书籍，跟踪 10 年后，再次调查两个村庄，结果发现 A 村比 B 村经济发展速度快 1 倍，得出自由主义经济学有力地促进了经济发展。实际情况是：统计团队在 A 村外面修建了一条公路，为了统计站点的日常生活而修建小发电站、接通电话，这样 A 村和 B 村的统计环境就被人为影响而制造了一场虚假的社会统计个案对比骗局。

（6）产值骗局

举例：18 世纪某个很艰难的年头，社会危机、物价飞涨、食品短缺的某个非洲殖民小国，一个爱国的政治家努力增加食品供给，而一个华尔街扶植的买办代理人"也要发展经济"，与之做"经济发展的统计对比"。结果，爱国政治家殚精竭虑地大量提供了食品，遏制了不断蔓延的饥荒，平抑了飞涨的物价，当年国民生产总值，由于 20 元 1 个的面包卖 10 元了，故大幅缩水；而华尔街买办政客则很轻松，他将大量宝贵的面粉和黄金秘密运到美国纽约华尔街交给银行家，将国家矿产和土地廉价半卖半送给华尔街投资者，自己则损公肥私，国内饥荒蔓延，1 个面包从 20 元卖到了 100 元。结果经过统计，破坏了自己国家的代理人政客得到了更好的产值数字，

还拥有大量的出口与贸易顺差，铁一样真实的统计数字，就这样把一个爱国的政治家赶下了台，扶植了一个破坏国家经济的"产值英雄"。

（7）持续跟踪统计骗局

最令人信服的，莫过于长期跟踪性统计，可以反映一些问题的长期后果，这是统计学给人的印象，实际并非如此。

举例：美国某一药物寡头，邀请 1000 个严重心脏病患者，然后询问谁愿意参与为期 30 年的持续跟踪调查，愿意的人要长期服用心脏病药物 A。假设有 100 人愿意，然后把这些患者算作实验组，另外随机抽取类似病情的 100 人为不服药的空白对照组。30 年以后，长期吃心脏病药物 A 的 100 人，寿命明显长于不服药的空白对照组，由此得出非常严谨的统计结论——心脏病药物 A 非常有效。

事实上，愿意长期接受调查和药物控制的人，暗示性都强，都比较随和，性格就不容易激动，虽有同等心脏病，但恢复后，就不易复发。不仅如此，长期跟踪统计的公司总会附带一些善意的饮食建议，这很正常，空白对照组也有，但远远不如"统计人员"不断重复来得频繁，且愿意接受长期统计的人，也更倾向于接受劝告，更容易接受长期的饮食控制，比如戒酒、减少高脂肪食物摄入，又常有人提醒，故极大地减少了心脏病由于饮酒、高脂肪饮食而发作的概率。综合这些非药物因素，结合安慰剂的心理慰藉因素，就是仅仅给实验组发几个大白馒头吃，寿命照样会比空白对照组长很多。

三、虚拟与真实

（一）完美效应

虚拟经济学是金融战役学的核心，但并不是说从学术、理论、统计上虚拟经济无法在某一特定的、完美的数学模型上建立和实践。金融战役的发动者，总是全力依靠高端学者，而不是脱离高端学者，依靠计划，而不是脱离计划，因为只有依靠高端学者，才能让计划脱离全体社会成员的监督和理解；只有先有计划才能制造计划失序。

一个造成破坏的金融战役，即便从被打击者角度来说，都一定是完美无瑕的，这是金融战役策略体系的一个有别于传统博弈的特征——推销完美的计划，这在金融战役学中叫"完美效应"。一个计划越严格、越完美，则制订计划者的主观意图越容易得到实践，离实际的、不断变化的客观物理世界则越远。**在社会学领域**，由于依靠全体社会成员不断的广义选择，而具有非线性的特征，不能依靠数学模型，而又偏偏不断用数学模型、统计概念来主导，就会导致不断执行"完美计划"，而又必然不断偏离"完美计划"本身，最终不断发生的小的失序，累计达到一个临界点，整个"完美计划"就走向了表面目标的反面，开始严格执行预先计划的真实目标——完美破坏。所以，华尔街贩卖的理论，从表面看，从来就很光鲜诱人，实践起来则后患无穷。

（二）什么是"虚拟"？

凡是可以影响人类社会行为规则与实体经济，而又可以依存数学游戏和书面记录界定而存在，最终又必须依靠人的思想才起作用的一切社会性数字、文字、规则（比如，物质的存在不属于社会性文字和数字，属于物理性，不通过人的思想，物质世界也存在），都是"虚拟的产物"，包括法律体系、信用体系、道德体系等，虚拟单独无法存在，必须反映和相对真实才有物理意义，否则就是一片虚无。

制定一部完善的法律重要吗？很重要，但如果由枉法的法官与律师来实践，则多么正义的法律也必将成为违法行为的工具与途径，这就是人与法的关系。

焚香高坐，口吐莲花般推荐一个拥有极高道德标准的完美道德体系，错吗？当然不错，但如果道德仅仅是"一个人"的欺骗和伪装，那么这种道德的实质就必然等同于"一个人"的不道德，言之善有多大，行之恶有多深。

钱多了不是好事吗？当然是好事，但脱离了实体经济的虚拟经济（比如，虚拟信用体系、虚拟交易、虚拟利润、虚拟增长），不再是实体经济镜像功能为主的虚拟经济，必然走上抑制实体经济、破坏实体经济的道路，因为虚拟经济是通过人来起作用，一个主导了虚拟经济的世袭金融僭主，也就同时拥有了控制人类社会生产力、生产关系、生产资料、生活资料的权力，权力的大小又与虚拟经济规模背离实体经济规模的倍数成正比。这种物理力量之大，不仅会导致私有制体系下，资本凝结以超过"常规速度"（资本主义社会形成之前的"自由竞争阶段"）成百上千倍的进行，而且会导致就连金融僭主家族也无力终止这一毁灭性趋势的资本净凝结，直至出

现全球世袭家族垄断性金融僭主体制。这种单一家族的世袭统治特征，又广义拥有了一切财富，必然让人类社会退回高科技掩盖下的金融奴隶制社会，人类文明发展的广义稳定性、系统"鲁棒性"将荡然无存，为了维系这个体制本身，债务金融主义社会最终必然在一系列伪国有化闹剧的开场锣声后，迈入高级金融主义阶段，用人体支付芯片植入和"保留顺从的优生人口"来替代烦琐、复杂、危险、非线性的广义社会控制体系，而进入一个可预见的、可线性控制的高级金融主义社会，由于芯片控制、基因控制虽然不属于热暴力，但属于强迫屈从和身心控制，这个历史阶段也称"暴力金融主义阶段"。

（三）什么是胜利？

人们唯一能够做的，就是抵御私有制悬崖下五彩光芒的死亡诱惑，坚定地、自发地维护社会主义国有制为主体的生产力关系，脱离这个进程，从短期看，会给一些人带来私有制的满足和利益，但从长期看，一旦出现了全球金融僭主体制确立和巩固的总趋势，在妄想用手中控制的那一点点看似很多的私有资本与全球虚拟经济对抗，无疑是可笑的臆想，最终要么泡沫化，要么代理人化，也就是"工头化"。但请记住：高级奴隶还是奴隶，不戴镣铐的奴隶依然是奴隶。这个过程如围棋中决定胜负的落子，必须从开局时不断与之较量，是系统之争、战略之争，不能看似聪明地奢求"咬鱼饵，却不咬钩"式的战术"胜利"与战略胜利共存。

否则当输赢落子之时，就是有天大的智慧，也无回天之力，这个效应就是广义决策论中的**"落子效应"**，由于操纵者很吃力，过程也很漫长，如同拿着一个不断随风变形的长竿在地上写字一样，写时固然艰难，但顶多尝试多次，浪费些时间，而最后落笔点下句号的时候，却往往只有写者自己才知道：大局已定，外人很难知晓和阻止，故此也称**"软竿效应"**。

第六章

华盛顿共识的历史背景与
金融战役总路线图（上）

一、"里根经济学"的"小政府理论"与华尔街金融僭主体制

（一）华尔街金融僭主体制无处不在的家族幕府

金融主义时代有三件趣事：第一件，跨国集团用私有信用的骗局，通过垄断信用，用金融战役破坏市场经济"你有，还是我有"的基本原则，大肆掠夺和控制世界各国实体经济所有权与实体财富，被解释为市场经济；第二件，物价上涨被解释为经济繁荣，与通货膨胀和经济危机脱钩；第三件，拥有着欧美货币与货币发行机构的华尔街金融僭主家族用无处不在的"行业协会"、"专家委员会"、"基金会"、"私立大学"、"私有武装"、"私有监狱"、"私有情报体系"控制着欧美一切事物，小到美国人出去吃的每一个汉堡包、看的每一场电影，大到美联储和美国联邦国税局，都是华尔街金融僭主家族的幕府一手包办，服务于一个家族，世袭家天下。

全世界吃了同样包装、同样规格、同样来源的快餐垃圾食品，看着同一部由华尔街·中情局体系逐月提供的世界大片；欧美好一点的大学都自愿加入"英美常春藤体系"，这个由"罗素公司"（虎门销烟时美国最大的贩毒集团，罗思柴尔德家族缔造和拥有，请参看"英国卷"、"日本卷"）直接控制下的光照会学者情报体系……这一切被称作"公司行为"，而美国政府不仅"外包"监狱、军队、情报、印刷货币，甚至美国政党体系都由银行家族建立，并依靠银行家族提供赞助来运行，司法、立法、执法体系牢牢控制在金融僭主家族建立的跨国司法情报学院体系手中，培养着忠于金融僭主幕府体制的"家臣"，如果这种所谓的"跨国垄断金融资本控制体系"

不是"政府"，那么什么是政府？

华尔街金融僭主家族控制下的美国和美国控制下的欧美学术舆论体系，都永远异口同声地反对政府干预，这就是美国的小政府体系的由来，但他们忘记告诉美国人民：我们反对你们接受美国民选政府的管理，你们要世世代代为一个华尔街世袭金融僭主家族的幕府劳作，直到永远。

美国海岸警卫队

实为"北大西洋国际冰山监察组织"，摩根家族拥有，1913 年建立。

美国国税局

纽约美联储世袭股东家族向美国人民收取发行美元的抵押国债利息的私有机构，1913 年建立，至今美国没有通过任何"个人所得税"有关的法案、法规（也就是说，美国没有个人所得税，这不是"国家征税"，里根总统曾经组织调查，发现所谓的"个人所得税"，每年几万亿美元的巨款，全部"用于支付联邦债务利息，一分钱也没有用在预算中"旋即遇刺，再也没有政客敢于继续调查下去），就是在收钱，有一支武装到牙齿的精锐部队，是个私有武装机构（有关详情请参看拙作《货币长城》）。

美国食品药品管理局

基本由华尔街家族建立的 13 个"实验室"，包括前面说过的"波多黎各实验室"组成，最开始则是由"美国联邦妇女俱乐部"等"非政府组织"推动，由华尔街银行家美国总统西奥多·罗斯福 1906 年出面，通过"纯净食品和药品法案"，由于美国一切食品和药品都控制在华尔街医药集团豢养的"首席化学家" 哈维·华盛顿·维莱（Harvey Washington Wiley）手中，也称"维莱法案"。

哈维·华盛顿·维莱，把实际已经存在的华尔街"学者委员会"和"业者委员会"组建成食品和药品检查委员会（The Board of Food and Drug Inspection，1907）和科学专家顾问仲裁委员会（The Referee Board of Consulting Scientific Experts，1908），故此美国食品药品管理局实际的雏形，应该是 1908 年，但由"维莱法案"导致的"国有民管"的司法骗局是在 1906 年由华尔街银行家直接炮制，故此一般都说"FDA"是 1906 年建立。

此后，该"民间机构"一直由另一个"民间机构"美国国立卫生研究院（NIH，"The National Institutes of Health"）实际控制，又挂靠在美国农业部下面，是一个民间专家咨询性的机构，这就是"食品、药品和杀虫剂组织"（The Food, Drug, and Insecticide organization）。华尔街银行世家"老罗斯福总统"的亲戚"小罗斯福总统"富兰克林·罗斯福，在1938年6月25日，利用人们的不理解，通过了一个"联邦食品、药品和化妆品法案"，赋予了这一系列华尔街营利性质的公司、协会组织以执法权、监管权、审批权，并且正式拨款，似乎就成了一个"国家执法机构"。由于这个机构权力太大，后来与美国另一个"联邦机构"美国专利和商标局（实际上是华尔街僭主家族拥有的一个"民间行业自律协会"，也就成了"政府执法机构"）发生了"权力交叉"（至今这个问题也没有完全解决，美国药品专利保护期计算很复杂，就在于此）。

美国食品药品管理局的职能，直到1972年才全部摆脱美国国立卫生研究院的控制，逐渐自成体系。这个所谓的"美国食品药品管理局"，虽然仅仅是华尔街医药食品集团的一个营利性机构演变而来，但早期权力惊人，几乎无所不管，是个金融僭主的"家族执法机构"，这里简单列举一下：目前的"食品安全和应用营养中心"、"美国农业部食品安全监督服务局"、"美国兽药管理中心"、"美国联邦司法部烟酒枪械炸药局"、"美国联邦环保署"，均与其"密不可分，渊源很深"。

（二）杂记

1."流感博士"

1997年以后，有一个欧洲科学家四处宣传各种"流感病毒的危害"，"甲型H1N1流感"就是其一。此人叫艾尔伯特·欧斯特豪思（Albert Osterhaus），在荷兰鹿特丹伊拉兹马斯大学有一个教授的头衔，有"流感博士"的之称，他的真实身份，或者说另一个秘密身份直到最近才被发现。此人不仅是荷兰卫生大臣艾伯·科林克的"私人朋友"、也是荷兰的"政府顾问"、世界卫生组织的"首席顾问"、跨国私人机构"欧洲流感科学工作小组"（ESWI，欧美跨国制药集团资助建立）的主席、"免疫战略咨询专家组"［Strategic Advisory Group of Experts，SAGE（此缩写意为圣贤），也就是神秘的"圣贤小组"］的专家，最为重要的是，艾尔伯特·欧斯特豪思被指控：

"6个月以来，在荷兰只要打开电视，人们就一定能看见大名鼎鼎的病毒猎手——艾尔伯特·欧斯特豪思的面孔，他大谈特谈猪流感流行这个问题。欧斯特豪思在伊拉兹马斯大学医药中心主持一个病毒实验室，他是流感博士。不过从上周以来，他的名声一落千丈，**他被指控爆炒流行病恐慌，目的是让他自己经营的疫苗买卖更加赚钱**。《科学》杂志的文章流传到

媒体后，荷兰的众议院甚至为此事召开过紧急会议。"［文献引自：马丁·恩萨克（Martin Enserink）．荷兰流感问题的公信力受到了冲击（In Holland, the Public Face of Flu Takes a Hit, J, 350～351 页）．美国纽约：科学杂志. 2009, 10］

2. **趣闻趣事**

（1）"没有检测结果的预报"

"在检验过的 10 万份样本中没有发现任何一份中存在 H5N1 病毒。"——艾尔伯特·欧斯特豪思于世界动物卫生协会大会（OIE）2006 年 5 月被迫承认。

（2）"服务者信托基金"与"圣贤小组"

"世卫组织的'圣贤'专家咨询小组还有一位成员是弗里德里希·海顿博士，他同时服务于英国的'服务者信托基金'（Wellcom Trust）。据传他是欧斯特豪思的密友，他同时也为罗氏公司、葛兰素史克公司提供有偿的'咨询服务'，那不就是生产 H1N1 疫苗的公司吗？在世卫组织中还有一位'圣贤'专家咨询组成员，阿诺德.芒托博士，他也是疫苗生产者 MedImmune、葛兰素史克和 ViroPharma 公司付费的咨询专家。'圣贤'专家咨询组的'独立'科学家们开会时，到会的还有'观察员'，这些观察员都是疫苗生产者：葛兰素史克公司、诺华制药公司、百特公司……"——威廉·恩道尔

（3）"流行病的新定义"

"此次流感最大特征之一，同时也是整个大流感传奇最特别的地方，就是有人在年复一年地作出预测，而且预测一年比一年更严重。有时候你会感觉到，**整个行业在那里等着流行病爆发**。病毒学家和制药公司，他们围绕所谓正在迫近的流行病，把一台机器开动起来。在这里要涉及好多的**金钱，名望，个人仕途，还有整个体系。他们所需要的只是一种病毒发生变异，机器马上就可以启动和运转**。难道你不认为有一个值得注意的地方：事实上流行病过去的定义是出现一种新的病毒，发生了迅速的传播，人体还没有免疫力，并且造成了大量发病和大量死亡。现在后面的两条被去掉了，猪流感就这么变成了大流行病了"——流行病学家汤姆·杰弗逊博士

（4）"不断迅速发现新病毒的非凡能力"

"他（"流感博士"，艾尔伯特·欧斯特豪思）再一次表现出快速行动、解决重大问题的能力。在三周之内就发现了一种新的寄生于灵猫类及其他

肉食与鼠类动物体内的冠状病毒。"——2003 年 4 月"非典"期间欧盟报告（文献来源：本"杂记"小节中的 5 个原始发言的中文翻译来源，均源自："威廉·恩道尔."猪流感教皇"接受审查.乌有之乡刊载：http://www.Wyzxsx.com/Article/Class20/200912/118625.html"，特此感谢，原文所有文献，均有特别严谨规范的原始学术文献标注，与本书无关，不予引用）。

二、华盛顿共识

（一）里根主义

1. 遇刺后的醒悟

所谓的"华盛顿共识"，似乎是一个很熟悉的词汇，但具体是什么，又很少有人知道。唯一可以肯定的是，拥趸华盛顿共识的人，被称作"自由主义经济学家"或"主流经济学家"，换句话说：华盛顿共识缔造了"自由主义经济学"，也被称作"主流经济学"。

系统了解"华盛顿共识"的起源和性质，必须从"里根主义"说起，里根是美国第 40 届总统（1981~1989），他的所作所为，被称作"里根主义"，也就是"里根经济学"。单纯从里根来说，所谓的"里根经济学"就是什么都不做，华盛顿民选政府完全听任华尔街金融僭主家族幕府体制的操纵，"安心"当好前台傀儡，这无疑为后来者树立了一个恶劣的先例——因为这甚至打破了"政治分赃体制"（这是一个美国特有的政治词汇，指选举人收受捐助人贿赂，选举成功后鼎力回报，以此进行平等的政治分赃，请参看"美国卷"），至于里根为何如此，这里面有异常精彩、复杂和诡异的历史背景（请参看拙作《货币长城》）。

里根遇刺后，每周就工作几个小时，而且主要是听听看看，一切都交给"华尔街顾问们"去做，里根主义的本质就是把一切权力交给华尔街金融情报体制来管理国家，这要放入金融战役史来评述。

2. 华尔街的策略

里根入主白宫伊始，就想推翻已经把美国带到崩溃边缘的金融僭主体制，他把矛头直指所谓的"美国联邦国税局"，正式开始彻查这个所谓的"国家机构"征收的所谓的"个人所得税"去向，这无疑会导致美联储的覆灭，因为这笔钱用于支付所谓的"国债利息"了。1981 年 3 月 30 日，里根上台仅 69 天，被"美国历史上又一个疯子"开枪打中，几乎身死。此后，他

对华尔街彻底交权，华尔街就开始疯狂地滥发货币。

这种史无前例的烈性通货膨胀，无疑填饱了美国军工联合体的胃口，也让全世界，尤其是苏联、东欧等社会主义国家被这种"空前的繁荣"所震慑，内部出现了分化，一些人丧失了理想和信念，埋下了东欧剧变的祸根。这些人没有看到，里根纵容华尔街的目的，是一种报复性的政治斗争策略，而美欧所谓的"繁荣"是资本主义总危机的序曲——此前的资本主义危机，由于华尔街掌握着美元体制，通过广义美元回流，让滥发的美元逐渐回笼，而这次滥发的规模史无前例，美国经济从此陷入了发展停顿，再也没有恢复。更为"糟糕"的是，广义美元回流体制被打破，大量浮动在世界的美元信用符号，总有一天要冲击美元体制，这有点像中国元代顺帝一朝，出于眼前小利，滥发纸币，抢得一些金银，却失去了本来就由自己拥有的纸币发行体系的稳定。

这一历史结果很复杂，但也的确迫使华尔街必须更多地采取金融战役的策略来维护美国广义回流体制，人员渗透、招募；颠覆、瓦解、控制；系统破坏与持续制造"金融危机"等，都成了此后世界的"常态"，但也是华尔街的一种"不得已"，本质还是欲壑难填的资本贪婪。

3. 里根经济学的基本内容

（1）滥发美元，制造虚拟增长，提高美元利率，制造美元世界货币体系内所有国家的美元信用紧缩型金融危机和对美元的"应急性需求"，然后高息借贷，构成高利贷控制体系。

（2）利用美国虚拟繁荣与其他国家，尤其是苏联与东欧的货币紧缩型经济危机的鲜明对比，制造、挑选与扶植社会主义阵营内部的代理人。在这个问题上，苏联有一个严重的"内伤"，那就是赫鲁晓夫的"戴维营精神"：

①彻底否定斯大林经济模式，也就否定了把苏联从农业国迅速变为工业国的社会主义革命，出现了意识形态领域的潜在自我否定。

②提出或者是"接受"所谓的"美苏共治"，把社会主义这样一个虽然相对弱小、有各种缺陷且幼稚，但却具有无限生命力的新生事物与旧事物之间生命力的较量，变成了一种两个旧事物之间的规模较量，这种表面"无害"的意识形态的倒退，让苏联丧失了新生事物的生命力，转而被扯入"老欧洲式"的帝国争霸，苏联作为资本远小于欧美资本体系的一方，放弃了自己的生命力优势，转而进行资本肉搏，以己之短，搏人之长，"美苏共治"开始之日，苏联的崩溃已经不可避免，只是一个时间长短问题。

苏联即便没有亡于美国的金融战役，也不过是多了一个"超级大国"，而没有什么不同，对于华尔街"美苏共治"、"超级大国争霸"的提法，苏联不但没有警觉，反倒沉醉于酸酸痒痒的陶醉中，直到溶化尚不自知，这就是社会主义新生事物幼稚一面的充分体现，没有华尔街发动的苏联金融战役这个外因，苏联不会突然解体，从一个工业国倒退回原材料国家；没有苏联内部的蜕变与质变，华尔街的金融战役只能强化苏联社会主义国家体制本身，而不是相反。

　　由于，苏联和东欧社会主义国家有一系列自身的问题，在美国看似强大繁荣，实为经济危机的假象面前惊慌失措、丧失理想，这就给金融战役的发动，创造了有利的内部条件。

　　（3）大幅减税，牺牲美国长期战略利益，实施满足美国形形色色利益集团的减税和通胀，秘密实现着对美国人民，乃至世界人民的广义财富转移，在短期形成了强大的凝聚力和号召力，让美国在发动对苏联金融战役之时，自己内部的肌肉却绷紧得如同"铁板一块"，但后期代价将导致美元体制的覆灭和美国的彻底衰落。

　　（4）里根发明了小政府大社会理论，是里根经济学的一部分。政府机构缩减，内部相互监督和部门监督由于人员和部门的减少基本消失，一个办公室说了就算，也没人查没人问，因为一个看似底层的官员，由于小政府，繁琐的冗余机构消失，他个人一个决定就可以影响很大，甚至关乎全局而无人关注。美国日常运作几乎全部交给了"公司"，从此出现了军队作战、司法监狱、情报侦察全面的"外包"，监狱、军队、情报都直接控制在了金融僭主家族手中，由华尔街家族武装来完成（请参看拙作《货币长城》），美国民选政府的确变成了小政府，而金融僭主家族幕府却无限扩大，成了一个历史的怪胎。

　　华尔街中情局金融情报体制得到进一步巩固，1982 年 11 月，华尔街为瓦解社会主义国家，通过了"国会授权法案"，给美国中央情报局设立了另一个招牌——美国民主基金会，全面掌控了由华尔街和伦敦金融城建立的金融情报组织"费边社"演变而来的"民主社会主义"和"社会民主主义"（一个总部，都是原英国情报机构负责人，也是银行家建立，用于瓦解社会主义运动的一个金融情报机构，请参看"日本卷"）体系，有效地误导了不了解真相的苏联、东欧等社会主义国家的人民，给国际共产主义运动沉重的打击，直接导致了苏联和东欧的剧变。

4. 结论

所谓的"里根经济学"是后来"自由主义经济学"的基石，最大的特征是金融战役内容彻底替代了经济内容；金融战役的系统化与主流化，这就是"主流经济学"的实质。

（二）所谓的"华盛顿共识"

1. 苏联的崩溃

"华盛顿共识"的第一步就是"里根经济学"，通过一系列金融战役策略，用系统工程"把社会主义国家的生命力降到零"（里根总统）。戈氏故意在"圣诞节"，在一片节日气氛中，高兴地宣布了苏联解体。"华盛顿共识"这个用金融、经济和人事渗透，颠覆社会主义国家的系统金融战工程，被称作"NSDD-66"计划，由华尔街罗素系，也就是所谓的"常春藤系"哈佛大学的历史学家理查德·帕普斯制订。（参考文献：里根曾开玩笑称"我决定向苏联宣战"引发恐慌.中央电视台网站刊载：http://news.cctv.com/world/20071119/106340.shtml），具体开始执行日期是 1982 年 11 月 10 日［勃列日涅夫（1907～1982）此日去世］——"华盛顿共识"从此诞生。

在此之前，由于赫鲁晓夫彻底否定了斯大林主义，苏联进入了一种奇怪的经济模式，受益最大的社会上层，却在持续地通过瓦解和侵占工友财富来获取特权享乐，苏联与欧美的贸易依赖和债务依赖逐年加深，卢布实际上是美元在"苏联地区"的一个"美元卢布兑换券"，苏联经济体制逐渐走上了仿照美国体制的道路，资本主义经济危机以一种独特的形式出现了——商品短缺为特征的生产力过剩，这种看似不可能的现象的本质是美元依赖型金融危机。

戈氏上台后，彻底丧失了社会主义理想和信念，把苏联社会主义制度看成是"走向繁荣的绊脚石"，全面接受"里根经济学"，也就是"华盛顿共识"，一面把苏联巨大的社会成就曲解为新思维运动的结果，一面仿照美国用卢布通货膨胀和大量借贷制造虚拟增长，制造短期"繁荣"骗取了苏联各界对引进里根经济学的全面支持，这就埋下了卢布烈性贬值和苏联解体的祸根。戈氏的新思维运动，被华盛顿共识的金融战策略左右，制造了一种"崩溃中的繁荣"，过程和"奥妙"大致如下：

（1）金融私有化与独立央行理论的引进

戈氏新思维运动，首先联合美国民主基金会，也就是美国中央情报局，逐渐控制一些苏联的金融专业留学生，通过罗素系私人大学的培养，然后利用戈氏新思维运动，在苏联开始了金融改制。

①宣扬所谓的"金融国际接轨"，把苏联全部的银行股份化，然后与华尔街银行合资，中情局全面控制了苏联的金融体制和一切经济命脉，包括：军队、军工、司法、情报机构、政府、党务的资金流转。

②1988 年，华尔街银行家找到戈尔巴乔夫，协商建立了一个合资银行俄罗斯联邦储蓄银行（Savings Bank of the Russian Federation），这实际上是一个华尔街美联储在俄罗斯的分部，纽约美联储通过复杂的控股，直接拥有约 40%的股份，最奥妙的是华尔街发明再次登场了——换股。俄罗斯联邦储蓄银行只是一个牌子，注册资金本来应该全部来自华尔街，却有60.25%的股份是与苏联人民银行（俄罗斯，"the Russian Republic Bank of the State Bank of the USSR"，即，目前发行卢布的俄罗斯独立央行，"俄罗斯联邦中央银行"，"the Central Bank of The Russian Federation"），"交叉换股"。

一来，华尔街一分钱没花，就拥有了俄罗斯的"独立央行"，至今俄罗斯央行由"董事会控制"［1991 年 11 月下旬，叶利钦又宣布由俄罗斯中央银行接管苏联国家银行和对外经济银行，等于把苏联全部储备和货币发行权无偿交给了这个华尔街控股的"独立央行"，世袭董事的人名单还真是个谜，但俄罗斯联邦储备银行又与纽约美联储洛克菲勒财团在通用军工集团（不是通用汽车）"交叉换股"，故此实际由纽约美联储控制苏联的"央行"与商业银行巨头］；二来，戈氏实际用苏联人民银行（俄罗斯），架空了苏联一切财政经济体制（苏联预算必须由华尔街拥有的"独立央行"来执行），已经开始准备肢解苏联了。俄罗斯联邦中央银行的建立是 1990 年 7 月 13 日。

"超级大国"苏联的一切财政经济体系都由华尔街中情局体系直接拥有并管理着，"小者"苏联红军、苏联国家安全委员会、苏联政府官员拿工资都要到中情局拥有的美国银行去领取，"大者"苏联发行卢布要"国债海外发行"，然后以此由华尔街拥有的"苏联人民银行"发行"俄罗斯货币"，所有国家储备都交由"苏联人民银行"管理，苏联政府无权干预"独立央行"的"专业事务"。

黄金秘密运到纽约美联储"保管"，国家外汇交由华尔街公司"咨询运营"，华尔街银行家索罗斯直接住在克里姆林宫协助制定国家解体方案，中情局甚至修建了美国大使馆与克里姆林宫的地下通道，"保持指挥畅通"，

这个工程1989年由美国中情局驻莫斯科的技术官员托尼·孟德斯负责,由苏联国家安全委员会电子监听中心的特工彼得·列昂诺夫夫妇配合,这就是"没解体的苏联"。("几天之后,列昂诺夫夫妇在波罗的海沿岸的一个港口坐船离开了苏联。"参考文献:美中情局曾挖隧道到克里姆林宫.搜狐新闻网刊载:http://news.sohu.com/78/11/news203661178.shtml)

这个中情局拥有的"独立央行"拥有着独立的工资体系、独立的教育体系、独立的人事体系、独立的一切,一个赤裸裸的金融战役的畸形产物,却打着国有机构的旗号,白白掠夺着苏联人民的一切财富。这就是戈氏新思维与国际金融接轨后,引进的独立央行体制、债务货币体制、华尔街控制下的股份制商业银行体制、赤字国债体制。苏联已经丧失了一切主权和国家属性,解体不过是一个形式,甚至是一种解脱。

但是,这些银行滥发卢布,制造了庞大的流动性,导致苏联摆脱了长期困扰的美元流动性不足,出现了一系列飞速的虚拟增长,苏联人民对戈氏新思维运动特别支持,这是苏联金融战役重要特征:苏联上上下下大抵不理解虚拟增长的实质与危害。

(2)国有企业改制与引进外资的悖论

苏联建设了几十年,一个举世公认的超级大国,有着仅次于美国的工业体系。戈尔巴乔夫新思维的核心就是引进外资,这不错,但有一个限度,一般不超过国家实体经济的9.9%(**美国就是这样规定**,在这个范围内也要经过长时间的多部门烦琐审查,矿山、芯片、水电、军工等企业引进外资肯定会撞到"玻璃墙",纽约美联储股票也贵贱不卖,这有很多例子,与本书无关,不一一列举,**所以美国还在,苏联变成了"前苏联"**),否则超过50%就殖民地化了。

戈氏的新思维则不同,苏联对外资免税减税,对国有企业征税很重,苏联国有企业诚实纳税,外资企业一分钱税也不交,国有企业立刻就垮了,因为利润率也就10%,税收40%以上,这种被故意用税收挤垮的国有企业,免费交给外资企业就是合资企业,然后立刻就"活"了,这让苏联人民感觉戈尔巴乔夫的新思维很好,很灵,也感觉苏联国有企业的确不行。美国就这样控制了苏联所有的企业、矿山、技术,基本没花钱,苏联的厂长还要求华尔街的金融战专家拥有免费收下的这些工厂,因为这样就免税了,工厂也就不用破产了,苏联国有企业本来就生机盎然不存在整体破产的问题。开始只是普通企业交给外资,然后就是把军工企业交给外资。苏联内务部的一个将军曾经痛心疾首地回忆说："领工资进美国银行，领密码机去美国公司，领子弹打靶去美国靶场，这一切曾经都是苏联的财富，有的牌子还没有来得急敲下来（笔者按：可能指墙上），这还不算，美国的银行和会计事务所，要求所有部门和企业每月上缴报表，那时我就问自己，苏联还存在吗？"，这就是苏联军工私有化、金融私有化后的真实写照，苏联民营企业仅仅是一些挣扎在死亡线上产业链底层的小买卖和有着俄文名字和俄国经理人的外资公司。

刚开始，一些苏联的厂长也捞了一些好处，但他们只要是苏联国籍，就必须缴税，根本无法与拥有免税、减税优势的外资企业竞争，也就一样会破产，要么加入美国国籍，也就变成了外资企业，要么转手一卖，出国走人。1992 年，戈氏宣布苏联解体后俄罗斯产值才 192 亿美元，人均国民生产总值低于非洲农业国，在全世界几乎是倒数第一，比 12 年前的苏联人均 1 万美元以上的产值相差 100 倍，人们拿着手中的卢布废纸，才真正认识到戈氏新思维运动制造的"经济飞跃式发展"的代价多么的沉重。这也许有点不可思议，却又是那么真实。

一直在西方从事反苏运动的"民主斗士"，俄罗斯作家季诺维也夫在目睹了苏联和东欧苏剧变后，说过这样一段令人深思的话："我过去离开的是一个受人尊重的、强大的大国，现在重新见到的却是一个被打败了的、破败的国家。苏联共产党政权的崩溃并不是由于国内的原因，这乃是西方历史上取得的最大的胜利"。他还说，"俄罗斯的灾难是西方所希望的，也是西方策划的。**我之所以这样说，是由于我知道内情。我看过一些文件和材料，参与过一些准备引导俄罗斯走向死亡的研究活动。我对此感到受不了，以至我再也无法生活在那个要消灭我的国家和我的人民的阵营里了。**"其实，这也是一种丑陋的自我表白和掩耳盗铃式的自我欺骗，东欧剧变后，华尔街豢养的以肢解苏联为生的"苏联公民"也就失业了，就这么简单。

（参考文献：杨斌著.威胁中国的隐蔽战争·美国隐蔽经济战与改革陷阱.北京：经济管理出版社.2000）

苏联上层在新思维运动中，近水楼台先得月，被眼前"割肉煮汤"的香味所迷惑，是真心支持戈氏新思维运动的，也真的得到了一些蝇头小利。但人们忘记了自己就是国家主人翁，是苏联存在最大的受益者，他们有的出于贪婪和叛变；有的出于愚昧和无知；有的出于享乐与短见；有的是出于无奈和"随大溜"，最为可笑的是有一批人真心想走"美国道路"，想在

苏联社会主义制度被瓦解后，自己成为"纽约美联储世袭股东"在苏联的角色，控制"苏联私有军工联合体"、"苏联私有医疗体系"……这种腐骨上冒出的小树苗在资本的热带雨林中长成大参天树的痴心妄想，最后随着苏联的解体，如烟雾一样消失了。卢布大幅贬值了，到手的钱，也没剩下几个，国家亡了，国家主人翁也就成了新主人的臣民。

（3）教育、媒体、管理、生活资料、土地矿山私有化

媒体、土地矿山、生活资料（比如，粮食、饮水）这些私有化的结果全部由华尔街拥有，最有趣的就是管理与教育：

①教育私有化最大的恶果在于司法教育体系全面与美国合作，由美国中情局和华尔街寡头拥有的司法情报学院培养，欧美法学院是情报机构的重镇，本来就是中情局的大本营，纽约所有的律师事务所全部是华尔街犹太银行家建立，这样苏联的司法警务人员，全部由华尔街培养，后果可想而知。最后戈氏搞垮苏联国家安全委员会的策略，就是强行调整由一个美国培养的司法警务人员去管理。不仅如此，戈氏宣布苏联解体之前"150个边疆区、州、直辖市委的书记被更换了92.5%。"［文献来源：张全景. 对苏联亡党亡国的几点思考（第68～71页）. 北京：学习与研究. 2008，3］。

②戈氏新思维导致了外资引进走入偏差，结果整个国家和民族的生产资料、生活资料都掌握在外资手中，生产关系与上层建筑无法适应，被迫进行适应性调整，苏联政府退居二线，让一些"行业协会"、"非政府组织"、"企业联盟"替代苏联政府管理这些已经不属于苏联的企业，架空了苏联党和政府对苏联社会的管理权，直接导致了苏联上层建筑的混乱与职能瓦解。

2. "国际社会经济与政治学研究基金会"

简单而言，华尔街在苏联解体之前，依靠美国民主基金会控制了苏联的一切，需要一个公开的机构来出面"施加影响"，开始就用"俄罗斯民主基金会"的名义，由华尔街犹太银行家索罗斯负责，与"索罗斯基金会"也就是"一枝花开几朵"的问题。可是，在苏联解体之前，人们已经体会到物价飞涨、卢布崩溃、就业不能的灾难性后果了，尤其是苏联上层对美国民主基金会，乃至华尔街金融情报体系都有了比较明确的认识，"俄罗斯民主基金会"的名字不利于摩根情报体系在俄罗斯的运转。1990年，给了戈氏一个诺贝尔和平奖，1991年8月24日，他宣布辞去苏共书记职务，29日又出来搞了一个"苏联最高苏维埃非常会议"，宣布"暂停苏联共产党在苏联全境的活动"（实际上是宣布取缔苏共，戈氏却说是"苏共"宣布）。

1991 年 12 月 25 日圣诞节，他宣布苏联解体，新年后就到美国民主基金会俄罗斯分部做"第一任负责人"，不过名称改为"国际社会经济与政治学研究基金会"，后来又被称作"戈尔巴乔夫基金会"，然后在这个基础上，于 2000 年 3 月 11 日成立了"俄罗斯统一社会民主党"，自任主席；2007 年 10 月 20 日，又搞了一个"俄罗斯社会民主联盟"，自任主席。

3. 一个小问题：为什么领土大的国家不能搞地区领导直选？

戈氏新思维运动一开始就宣布苏联解体是不可能的，但经过地区直选就行了。原因很简单，大国与小国不同，必须全国一盘棋，地区领导直选的后果就是政治割据；地区军事领导直选的结果就是军阀割据，苏联新思维运动直选后，各地有的要独立，有的要发行货币，有的要变相世袭，苏联已经解体了，就是戈氏不宣布解体，统一的苏联已经不存在了。这不仅是苏联解体，几乎导致了俄罗斯"以同样的方式"解体，直到最近才逐步稳住阵脚。

"叶利钦和联邦中央非但无法解除地方行政长官的职务，反受到地方行政长官的约束。地方行政长官以民选产生、中央无权任免自居，政治上自成一统，无视中央权威，我行我素，轻则不听招呼，重则公开分庭抗礼。1998 爆发的金融危机和政权危机形势进一步推动了这种趋向。危机爆发前，地方行政长官多次反抗中央。一些人拒绝在中央提出的稳定工业和金融协定上签字，另一些人提出，只要中央不把欠地方的国家订货拖欠账算清楚，就不再向中央提供货物……俄罗斯 1998 年危机后，已经平息了的民族共和国独立情绪又有所抬头。卡尔梅克共和国总统伊柳姆日诺夫表示要改变共和国的地位，争取退出联邦的权力。"（参考文献：董晓阳著.俄罗斯利益集团.北京：当代世界出版社.1999，"第 11 章·直选产生的地方行政长官"）。

第七章

华盛顿共识的历史背景与
金融战役总路线图（下）

一、"华盛顿共识"的第二个阶段——"旧金山共识"

（一）旧金山共识

"里根经济学"是华盛顿共识，也就是自由主义经济学的第一个阶段，主要目标是瓦解苏联这个冷战对手，直接服务于苏联金融战役。东欧剧变后，华尔街的目的转而走向建立世界统一的世袭金融僭主体制，这实际上是要把世界拉回金融奴隶制生产关系，要改变生产关系，就要控制世界各国的上层建筑，包括政府、军队、货币、舆论、科研等，首先就必须控制各国的实体经济所有权，也就是需要重新定义、规划与协调。

图片说明：布热津斯基，早期为波兰犹太裔移民（1928 年 3 月 28 日生于波兰华

沙），1973 年与华尔街大通曼哈顿银行董事长、犹太银行家、美联储世袭股东戴维·洛克菲勒共同缔造"三边协会"，历任美国情报机构、政府、华尔街各类要职，影响深不可测，身份与背景至今是个谜。他宣扬文明与种族冲突不可调和论，是"奶头主义"的缔造者、旧金山共识的精神引领者。

1995 年 9 月 27 日至 1995 年 10 月 1 日，在旧金山费尔蒙特饭店举行秘密的跨国高层圆桌会议，推出了所谓的自由主义经济学"华盛顿共识"中最重要，也最露骨、最疯狂和丧失人性的"旧金山共识"，公开宣布要以饲养的方式"放弃"80%的世界人口，用 20%来"负责消费"，用 1%的世袭权贵来统治，而这一体制的顶端是"路西法在人间的使者"跨国金融僭主家族，也就是同时拥有欧美日澳各国"独立央行"的罗思柴尔德家族。这次会议由于在旧金山召开，也称作"旧金山会议"。

（二）会议主要召集人简介

1. 会议召集者
乔治·布什

原美国中央情报局局长、华尔街犹太银行世家，美国华尔街军火能源集团的代理人，历任美国副总统、总统等职。

兹比格涅夫·布热津斯基

波兰裔犹太银行家，1973 年与控制着美国金融情报体系的大通曼哈顿银行董事长戴维·洛克菲勒共同建立了跨国三边俱乐部，兰德公司的雇员（有关曼哈顿公司、兰德公司与美国情报体系的历史渊源，请参看"美国卷"），历任美国国家安全顾问、助理等职，主要负责金融、情报与决策，是华尔街情报中枢指挥美国政府的一个传声筒，影响巨大。美国前犹太裔国务卿马德琳·奥尔布赖特、现美国总统奥巴马都曾是他的学生，美国国防部长罗伯特·盖茨，也是前中情局局长，毕生在情报局工作（同时又是德州农工大学校长，这是美国大学体系的一个真实写照），过去不过是布热津斯基手下的一个行政助理。

乔治·索罗斯

犹太裔银行家，中情局华尔街体系的经济杀手，以在世界各地搞颜色革命和发动金融战役而闻名，是苏联休克疗法的制定者之一、苏联独立央行体制的缔造者之一，苏联和许多国家的民主基金会、索罗斯基金会、索罗斯开放社会基金会等的指挥者，华尔街共济会体系外交协会重要成员。

戈尔巴乔夫

美国民主基金会俄罗斯分部（后改称"国际社会经济与政治学研究基金会"，也叫"戈尔巴乔夫基金会"）的负责人。后来苏联社会民主主义联盟的主席，诺贝尔和平奖的获奖者、解散华约、苏联、宣布"停止共产党活动"的前苏联领导人，苏联独立央行体制的缔造者之一、苏联私有化运动亡党亡国的始作俑者。他很有可能就是"苏联人民银行"在极端秘密和诡异的情况下，"股份化"后董事会的秘密股东之一，但没有证据，也永远不可能有证据，因为这份秘密股东名单在权力超越政府、秘密把持政府一切权力的"独立央行"手中，永远不可能公布，谁也无权过问"金融专业事务"，这就是独立央行理论的妙处。

2. 机 构

（1）福特基金会

第二次世界大战以前，由美国联邦调查局主导，纽约美联储董事长、美国财政部长盖特纳、中情局局长老布什、美国联邦调查局高级情报人员福特都曾经在福特基金会任职或挂职。

图片说明：罗伯特·赫尔维，美国民主基金会的上校情报官，先后服务于美国陆军情报局、美国中央情情报局。有关罗伯特·赫尔维的图片源自："宋晓军.一个关注中国的美国前陆军上校.北京博联社宋晓军博客刊载：http://songxiaojun.blshe.com/post/166/179845"

（2）美国民主基金会

卡耐基基金会、库恩基金会、洛克菲勒基金会等许多"基金会"的人员都与会，因为这些华尔街中情局的金融情报机构本来就是一回事，人员交叉，不分你我。这里仅仅举例，如犹太银行家索罗斯几乎涉及了所有的

"基金会"和中情局，直接进行颜色革命，不是不用武力，而是"和平示威配合少量军事行动"，这个模式被称作"罗伯特·赫尔维模式"，是美国民主基金会的雇员陆军上校，也就是中情局情报官罗伯特·赫尔维发明（美国爱因斯坦研究所、"自由之家"这些华尔街情报机构参与制定），他很能干，中情局就把他从美国国防情报局要了过来，在海外专门从事颠覆和破坏。白俄罗斯的"野牛组织"、格鲁吉亚的"受够了"运动、乌克兰"是时候了"运动、塞尔维亚的"反抗"组织都由他一手建立、领导，并给一些组织提供武器。

（3）美国未来学协会

中情局为了培养情报人员，于20世纪70年代初在哥伦比亚大学等美欧大学中系统建立"中情局共产主义事务研究院"，至少有几十所。由于太露骨不便于掩护"学员"，很快就改名了，一般改作国际政治学院、国际关系学院、肯尼迪学院、经济学院、法学院、国际法学院、商学院等，这些情报人员培训机构后期成了招募和培训苏联人员的重要基地。这个体系又派生出一个未来学体系，主要由犹太银行家、犹太作家等专门研究未来的控制与策略，基本可以看作是一个光照会组织，战略影响远在中情局之上。

未来学家彼得·施瓦茨

图片说明：彼得·施瓦茨，美国中情局、美国五角大楼等机构的战略谋划"顾问"、未来学家、作家，控制着一个庞大的全球电子商业网络集团，1946年出生于美国旧金山，匈牙利犹太裔。

杨斌先生《威胁中国的隐蔽战争》提到中情局雇员彼得·施瓦茨写过一本中情局如何用经济手段搞垮苏联的书，《胜利——美国政府对前苏联的秘密战略》（与其看做是一本书，不如说是一个战略研究报告，也可能出版了书籍，俄罗斯《独立报》1996年曾经援引过里面的原文），这本书笔者一直想看一下，但没有找到。但中情局的确有一个雇员彼得·施瓦茨，他外表是一个网络技术的商人（不能确定是否为同一个人），服务于中央情报局、五角大楼（美国军方）、华尔街石油寡头，做"安全顾问"与谋略筹划。

他受中情局委托搞了一个报告《中国的未来（2001）》，研究通过中情局自由主义经济学颠覆中国后，将出现的各种不同的可能性。五角大楼委托他搞了另一个报告《气候急剧变化与美国国家安全》，用于引导舆论，宣扬"方舟"世界末日论（他在各种访谈中详细谈过中情局的工作）。这里只想说明一个问题，未来学是一门科学，在美国华尔街金融情报体系中，有着举足轻重的地位，可这些充满贪欲与偏执，服务于金融僭主体制而违背人性道德与社会起码准则的"纯理性与资本的假想"，将给人类社会带来深重的灾难，甚至是灭顶之灾。

（二）"旧金山共识"的内容

1989年，曾任职世界银行的经济学家约翰·威廉姆森执笔写了《华盛顿共识》，打响了东欧剧变的发令枪，这仅仅是一个开始。华尔街中情局体系的布热津斯基、索罗斯、布什，召集了包括撒切尔夫人、布莱尔、比尔·盖茨、未来学家奈斯比特等500位世界权贵在旧金山费尔蒙特饭店达成了一个噩梦一样恐怖的"共识"，大致有这样几点：

1. 圈养主义的确立

在这次会议上，华尔街金融僭主家族的御用学者，犹太裔情报专家布热津斯基提出了一个逐步消灭和弱化人类社会的系统措施，就是"奶头主义"（即"圈养主义"）。"奶头主义"的英文是"tittytainment"，是"奶头"——"titts"与娱乐——"entertainment"，结合而成的一个新词。推动充斥性、暴力、同性恋、畸形的抽象艺术、丑陋与背叛的反道德文化体系，主导世界娱乐产业的内容，以此消耗和瓦解"下等人"的理解力和意志品质，使之颓废浅薄、以无知无耻为荣，以自私负债为时尚，沉迷于无处不在的反道德娱乐，逐渐出现判断力、认知力与繁衍欲望的全面退化，成为一个消费体系中被圈养，用于安心提供劳动和消费力的圈养种群。

"奶头主义"（有翻译成"奶头乐主义"或"奶头理论"等）以此彻底消除反抗、团结、反思、深刻思想存在的空间，用流氓无产阶级的文化系统替代无产阶级的文化系统，戕害包括资产阶级、无产阶级在内的全体人类，并将这些人当成牛、羊、猪一样圈养。参加会议的人们，确定保留的人口占世界人口的20%，然后由少于1%的人进行统治，也就是"牧羊者"（中情局就自称"牧羊者"，这有点宗教含义，"旧金山共识"中的"牧羊者"指1%的"牧羊狗阶层"，也就是与会者阶层，服务于"光照者路西法"，也就是魔鬼撒旦在人间的代理人金融僭主家族）。这个平淡而又罪恶的会议共识，观其险恶莫过于剩下的80%将被"抛弃"的计划，这不引人注意的结论，是一个华尔街跨国垄断金融资本寡头集团系统消灭80%人类人口为开端，逐步全部毁灭人类自由生存环境，达成一个"完美世界"的系统工程（这就是共济会所谓的"夺回伊甸园"，或称作"新纪元"、"新伊甸园"体系等，这里意识形态的病态根源，请参看"英国卷"有关共济会宗教体系的发展与演变过程）。

2. 跨国世袭金融僭主体制战略目标的确立

这就是"世界政府、世界货币、世界央行"。2007年以后，宋鸿兵提出"当主权货币充当世界储备与结算货币的根本缺陷被彻底暴露出来之后，人们终将意识到，任何取代美元的其他主权货币必将重蹈美元的覆辙！最终，一种稳定的、超主权的货币体系取代美元的地位将是难以避免的趋势"的"金本位超主权货币"概念。（文献引用：宋鸿兵.问题出在美元——2010·全球"消费冰河"的开始.北京：环球财经.2010，1），《环球财经》杂志的顾问是美联储雇员蒙代尔，"环球财经研究院"院长是宋鸿兵，"环球财经"杂志主编是向松祚。

向松祚是"自由经济学家，《环球财经》主编。早年毕业于华中科技大学和中国人民大学，先后留学英国剑桥大学和美国哥伦比亚大学。师从"欧元之父"、国际宏观经济学奠基人、1999年诺贝尔经济学奖得主蒙代尔。哥伦比亚大学国际关系学院杰出校友，纳斯达克上市公司华友世纪的创始人之一"，（参考文献："向松祚草根网博客简介.向松祚草根网博客刊载：http://www.caogen.com/blog/index.aspx?ID=117"）。美联储雇员蒙代尔与著名的自由主义经济学人士美国人张五常也很有渊源。

人们很难，但又有必要理解两个问题：

（1）华尔街中情局体系，不代表美国人民的利益，甚至不代表美元利

益集团的利益，仅代表缔造并拥有着西方信用体系整体的跨国垄断金融僭主家族的利益。

（2）华尔街倡导的"金本位超主权货币"，就是罗思柴尔德家族建立的营利性跨国金融机构"国际货币基金组织"几十年前就提出的"纸黄金"，也叫"特别提款权"或"超主权金本位货币"，是美联储世袭股东拥有的另一个皮包公司开出的私有货币符号（即便立刻重新注册一个崭新发亮的金融皮包公司，也没有任何的不同），用作反对美联储的"工具"是缘木求鱼、南辕北辙、以身饲虎，其现实作用在于实质篡夺世界各国主权，彻底剥夺世界各国的货币发行权（就是所谓的"主权货币的弊端"，没有了货币权就没有了预算税收权，也就没有了军事主权，主权国家就被这场"反美元体制"的金融战役消灭了），步骤就是"世界货币、世界央行、世界政府"，这个噩梦的发令枪是"旧金山共识"。

这里有一点颇具有喜剧色彩，美元从来就不是"主权货币"，而是一个如假包换的世界货币，跨国寡头家族拥有，与美国政府无关，又如何会拥有"主权货币的弊端"呢？奥妙就在于，消灭一切主权货币，也就是世界所有国家都无权发行货币（才能消灭"主权国家"，在"空白"上建立世界政府的僭主世袭家天下），而由美联储世袭股东们发行，不过不是美联储1913年开始发行的"美联储券"，而是美联储20世纪70年代（1969年）开始发行的"金本位超主权货币（SDR）"，也称"纸黄金"。

（三）世界政府金融战役"三大共识"的脉络简介

所谓的"华盛顿共识"，从"里根经济学"开始就无疑是一个彻头彻尾的金融战骗局，人类社会从来就没有，也永远不可能就此达成这样一系列自我毁灭的"共识"，华尔街和中情局凭空捏造了一系列所谓的"共识"，统称"华盛顿共识"或"自由主义经济学"或"主流经济学"、"自由经济学"、"新经济学"等，这是一个彻底站在市场经济对立面的家族垄断性金融路线图，与用"金融战役"替代"经济"，用"跨国金融垄断"替代"自由市场"，是一个以奴役和毁灭为终点的，反人类的（共济会体系跨国会道门的成员们不认为自己是人类，而是"吸血鬼该隐"的后人，是在夺回被人类强夺的世界，故此这个"反人类"，有思想根源和"道德理论依据"，是一个长期的既定目标，实现了就是"新纪元"的开始）带有共济会"路西法"崇拜理论特征的，害人害己的资本狂想，是一场建立跨国世袭家天

114

下的资本迷梦。

1. "华盛顿共识"

即"里根经济学"，约翰·威廉姆森写的《华盛顿共识》给"里根经济学"画上了圆满的句号，并给今后的世界金融战役路线图定了基调，从此统称为"华盛顿共识"，这仅仅是一个开始。

2. "旧金山共识"

1995 年 9 月 27 日至 10 月 1 日，中情局与华尔街家族在旧金山确立了**"奶头主义"**（这是旧金山会议的原始说法，由于可能会有联想，故此本书有时称为**"圈养主义"**），作为"未来世界的蓝图"，这就是"旧金山共识"。

3. "北京共识"

中情局缔造的"华盛顿共识"是一系列金融战役的总和，与学术无关，但用私有化运动作为颠覆世界各国主权，缔造世袭金融僭主统治下的世界政府的可能性，却来自跨国私有电子信用体系的确立，很多人没有认识到这一点。

华尔街四大犹太银行家族之一高盛公司的高级顾问乔舒亚库珀·雷默 2004 年 5 月在伦敦作了题为《北京共识》的演讲，并不是在"中国北京"与中国达成的共识，而是一个试图在世界各国复制苏联金融战役的新计划，特点与苏联金融战役无二，就是依托华尔街寡头集团控制美元、欧元等私有信用战略优势，利用部分上层建筑人群中瓜分国有资产的短视与冲动，在世界各国推行以私有化运动为内容的全球化运动，然后华尔街金融僭主家族写下几个数字，就能控制地球上一切生产力元素，进而主导世界各国的生产力关系与上层建筑。

二、一次未来学性质的粗浅尝试——"金融战役总路线图"

（一）未来学

1. 繁荣与危机并存

笔者曾经与一些读者探讨过，发展中国家与工业化国家之间的差距，不少读者都认为"发展中国家与工业国的差距是人的素质，而基础建设与管理水平已经相差无几"，实际上发展中国家几年间培养的人才总数就会超过美国人才的总和，如果双方都用同一个社会阶层，并放在同一个收入水平上来看，发展中国家人才的素质，要高于工业化国家人才的平均素质。

　　发展中国家在"硬件"上具有类似的特征。一般来说，发展中国家主要依赖进口和隐性进口（外资企业）这些可作短期补充，长期依赖会导致隐性贸易逆差逐渐积累，会在某一个临界点出现突发性的金融总危机，外资企业规模越大，利润愈大，出口越多，所积累的隐性贸逆差和外汇离港潜在压力就越大，发展中国家硬件建设成绩斐然、举世瞩目，也隐患非常，急需徐徐限制隐性贸易逆差的逐年积累，缓缓减压，时不待我。

　　发展中国家"软件"上，商业、研发、标准制定等，基本丧失了自主能力，"独立自主研发"在外资企业是一个毫无意义的笑话，依靠这类可笑的"企业自主研发"只会导致发展中国家离工业化国家越来越远。

　　20世纪90年代开始的信息社会，发展中国家至今中央处理器、动态随机存储器、闪存颗粒、硬盘、大型平板液晶、手机芯片、计算机语言、数据库、办公系统、路由器芯片、光耦合元器件等所有主流商业产品，全部依靠进口，不论是软件还是硬件，大型"高科技电脑公司"不过是掩盖在高科技光环下的最原始、最落后的组装车间和外资代理人销售企业，随着半导体集成电路性能的飞速发展与整合，这一差距在逐渐拉大，而不是缩小，不能简单地说"仅差几年"，技术水平差一年永远追不上，这是永恒的落后，标准化技术只有第一，没有第二，市场占有顶多有前三名，余下的都会亏损，走向破产。

　　在社会科学领域，发展中国家几乎是全盘接受欧美国家的教科书，没有任何的创新与继承，人云亦云，甚至不知所云，如果没有统计符号、高等数学和英文屏障，很多"学术研究"分文不值，甚至"编著者荣"的现象，论文买卖和学术造假的产业链在非洲等发展中国家也客观存在，一些非洲和拉丁美洲的私立大学把向"SCI"这类华尔街寡头骗取第三世界国家技术的营利性论文数据库投稿数量，当成是评定薪水的标准，华尔街寡头凭空取得了无数科技成功的详细资料，然后谁要看，"按段落付钱"，很贵，这与第三世界普遍把获得"诺贝尔奖"等欧美金融情报机构建立的"奖项"当成学术荣誉和战略目标一样不可思议，又引人深思。

　　发展中国家很多所谓的"学术带头人"，不仅拥有双重，甚至是多国国籍，很多还是华尔街银行体系的雇员，没有引进任何有价值的科学技术，而成了跨国金融资本占领发展中国家市场和意识形态的桥头堡，进行战略误导和战略推销，或捧或贬，都脱离发展中国家的实践与实际。

2. 挑战与机遇并立

（1）资本主义社会中的资本凝结不可逆转，后果严重，危机逼近

资本主义社会对发展中国的态度，跨国垄断金融资本工业化国家内部的态度，不会随中国的变化而变化，与中国毫无关系，完全由资本垄断的绝对化程度所决定，有一个长期系统的，在全世界实现垄断资本家族世袭家天下统治的构想，并一直在付诸实践，不以任何人的意志为转移，也包括华尔街金融僭主家族的成员。

这是认清坚持社会主义道路正确性的现实出发点，不是理论问题，而是利益问题，这既是社会主义制度的优势和机遇，也是全人类要全力应对的挑战。

（2）科学发展观理论是认识世界、增强信心的理论武器与全面发展、不断进取的方法论源泉

我国各阶层必须统一认识、加强学习，用科学社会主义理论武装头脑，这不是空话、套话，而是要从内心深处理解：社会主义中国只要得以发展，各个阶层的根本利益才能得到充分保障，贪欲退一步，利益长一分，社会主义红色江山，就是中国各阶层的利益所在，个人的利益在金融僭主体制内，将趋于世袭赤贫化，没有任何悬念。一个美国乞丐和美国百万富翁在僭主家天下体制内，只是一只只毫无差异的羊羔。

由于跨国私有信用体系已经确立，工业化国家已经进入了金融主义历史时期，包括中国在内的发展中国家不存在走资本主义强国道路的可能性，也不会发展起美联储世袭股东、美国军工联合体利益集团那样的大资本集团，如果那样做只会走向殖民化和买办化。人们必须在资本主义跨国金融僭主家族世袭家天下体制与社会主义国营公天下之间作出选择，没有第三条道路。

（3）谁在主导美国，是管理，还是占领？

欧美体制是一个工业领先于中国,而文化尚且极不成熟的不稳定形态，跨国金融僭主并不代表西方主流文化，也不代表资产阶级的利益，只是一个落后、畸形的金融僭主家族体制，组织形式上主要依靠跨国秘密会道门和跨国家族金融情报机构，意识形态上背离西方各国人民和各国的主流基督教文化，以"撒旦崇拜"为特征，是西方宗教社会文化必然催生的一种"对立面文化"，前者可统称为"圣经文化"，后者被称作"黑圣经"文化。

西方社会的右派保守势力与"左派"激进势力与我们所理解的截然不

同，西方社会主流右派保守势力固然依附于金融资本，但却是反对金融资本最坚决的势力，西方社会"左派"激进势力在第二次世界大战以后，基本全部被秘密控制在跨国垄断金融情报组织手中或者干脆由金融情报机构一手缔造，用于打击资产阶级主流文化、欺骗和实施悖逆控制，是金融僭主体制最坚定的拥趸集团。

"麦卡锡主义"的复杂性

约瑟夫·雷芒德·麦卡锡（1908～1957），是美国犹太政治家，在 30 世纪 60 年代初，在美国制造了空前的白色恐怖，史称"麦卡锡主义"。由"麦卡锡主义"的影响，被无辜审查、驱逐、排挤、解雇、逮捕、处决的美国人不计其数，涉及各个阶层。他在 1952 公开提出美国国务院有 205 名苏联间谍。麦卡锡背后，有一只看不见的手，每天开列"不忠诚的人名单"，然后就审查、逮捕，全美国逐渐开始流行每天上班宣誓"忠于美国"，由麦卡锡管理的"非美调查委员会"（House Committee on UnAmerican Activities）操纵，负责调查"非美国人"，但谁是"美国人"，由支持麦卡锡的华尔街媒体说了算。

这直接关闭了美国与苏联正常交流的大门，社会主义国家一直被说成是实施"闭关锁国"的政策，实际上"麦卡锡主义"时代是美国在实施闭关锁国政策，不过是西方势力强大，苏联势力小，又错误地走上了"美苏共治"的道路，交流被迫中止。"闭关"还是"锁国"的实际意义不大，美国关上大门之后，苏联自然要表现出"我不理他"，相对弱小的社会主义国家自然受到了更大的压力，但也带来了自我发展，建立完整工业体系的历史机遇（这是华尔街没有认识到的"失误"）。

麦卡锡是陆战队员出身，身体强壮，先后历任军官、律师、法官、政府官员、参议员，却于 1957 年 5 月 2 日突然暴毙身死。这就涉及第二次世界大战以后美国上层暗流汹涌的一次较量。"两种麦卡锡主义"尖锐对立，巧妙地左右了脑袋不太好使的犹太政客麦卡锡先生。

麦卡锡本来是要打击美国政客集团，削弱美国资产阶级的实力，强化美国的跨国金融僭主体制，矛头直指美国议会和政府，里根（后来的里根总统）等美国资产阶级的代理人敏锐地发现华尔街这种"反共"是在"反美"，华尔街随便公布一个名单，就可以秘密逮捕，不论是什么人，到了人人宣誓、个个自危的地步，中情局一下子成了一个想抓谁就抓谁的机构。

此后，美国政府就开始铲除犹太金融资本在美国各界中的代理人，如美国核武器工程的组织者，犹太工程师，罗伯特·奥本海默（1904～1967）就被说成是"赤色分子"，如果这个逮捕成立，很可能会导致一个针对美联储犹太家族在美国军队中的代理人的逮捕高潮（"核弹之父"都是"苏联间谍"，那么还有谁不是呢？罗伯特·奥本海默是普林斯顿高级研究所所长，普林斯顿是德国光照会金融情报体系的大本营，很多熟悉美国教育体系的学者都会有种"普林斯顿才是真正的老大"的感觉，奥妙就在于此，这等于要开始清算美联储体系了。不过华尔街出于打击美国利益，制造全球不稳定的目的，故意把核武设计交给苏联阵营，也并不见得就是空穴来风，在两次世界大战中，对立双方的军火集团都由罗思柴尔德家族控制，再多一次也没什么奇怪），美国好莱坞演员大批被审查，大批与光照会有关的美国犹太人被迫离开美国。很显然，不论麦卡锡是死于酗酒，还是暗杀，都"特别是时候"。

图片说明：1950 年 2 月麦卡锡就公开说美国政府和议会被"苏联间谍"控制了，这在麦卡锡时代可能就是一场空前规模逮捕的开始，不需要任何证据。矛盾一下子就尖锐了起来，在这种情况下，美国联邦调查局也开始了行动，突然就冒出了一个"赤色频道"的秘密组织，专门公布所谓的"黑名单"。这本小册子叫做《共产党在广播电视中的影响的报告》，把矛头一下子指向了华尔街控制的美国娱乐业体系、媒体帝国。

了解"两种麦卡锡主义"的殊死较量，有助于理解美联储中情局体系、华尔街财政部体系根本就不代表美国的利益，甚至不代表资产阶级的利益，反而由于僭主家族跨国的绝对资本垄断，形成了一种"国家资本主义"，而

被误认为是"共产主义",这是很多美国右翼爱国人士的真实看法,与人们的泛泛理解和"划分"相去甚远。

1954年,麦卡锡突然提出"苏联间谍"已经控制了军队、政府和议会,这是一场政变的开始。为此,美国资产阶级突然发现形势失控,被迫开始了长达36天的政治较量,人们只能了解一些参议院的听证会,但背后的斗争无人知晓。

1954年12月2日,美国参议院以67票支持,22票反对通过决议,正式谴责麦卡锡"违反参议院传统",这不是胜利和失败,而是"妥协",麦卡锡主义从此确立。华尔街对美国军队、政府、议会的"大清理计划"也没有顺利实施,但从此华尔街中情局体系一举控制了美国的一切权力,非金融情报系政客家族、军事贵族、大资本家(比如,福特家族),从此丧失了对美国政治的控制,资本利益集团轮流坐庄的政治格局一去不复返了,金融僭主体制得以完美确立。从这个意义上来说,麦卡锡虽然不过是个可耻的政治小丑,也最终被华尔街抛弃,但华尔街集团从此控制了美国的一切,"金融麦卡锡主义"还是胜利了。

问题是:一方面要看到资本绝对垄断是一种对社会主义国有制"公天下"的预演和资本准备,另一方面也要看到私有制资本凝结的终点,已经让控制着一切信用供给特权、广义拥有一切财富的金融僭主家族逐渐走向了私有制与资本主义制度的反面,但是!金融僭主寡头绝不会自动走上社会主义道路(不排除出现"伪社会主义"、"伪国有化"体制的出现,因为西方的"左翼政党"大多由金融情报机构缔造和控制,很多人不理解这一点,仅"看名对号"),这种走上资本绝路的金融僭主家族,绝不甘心在资产阶级与无产阶级"内外夹击"下走上覆灭的道路,必然会采取一切措施,被资本的本能驱使,不惜一切代价,哪怕毁灭人类,也要延续家族的天堂之梦。

很多发展中国家的买办势力自以为投靠的是美国,是资产阶级,而根本就不理解这一触即发的殊死较量——发达国家资产阶级已经对金融寡头广义拥有体制有了切肤之痛,对被奴役、被消灭的前景充满了恐惧,而发展中国家所谓的"右翼势力",都是一批短视无知的买办集团和华尔街金融情报体系的延伸,根本就不知道自己正走向一个"家天下"时代,也根本就不理解什么是高级金融主义,这是发达国家资产阶级与发展中国家买办资产阶级本质的不同,从表面看,则是前者爱国,后者叛国,说到底还是一个远见和利益的问题。

（4）广义社会控制论下的**系统外交体系**与**传统外交模式**的截然不同

这是令人伤感的话题。由于现代技术的进步，系统工程理论和计算机理论可以系统分析一个人的行为和心理，通过每一句话、每一个视觉信号、每一个声音信号，长期对发展中国家的上层关键人物进行系统人格分析和施加影响。用药物、声音、电磁、心理暗示、心理诱导系统影响"关键人物"的大脑，使之负责道德、伦理的大脑区域出现不引人察觉而又非常险恶的人造病变，产生"低级意识增强"，在不削弱其智商（确定该如何做的能力）的情况下，削弱其情商（确定该做什么的能力），使之出现自私第一的政治选择心理模式，不以虚荣无耻为累，却以浮夸自私为荣。中情局对这种洗脑模式有一个总结："我们要让对手按照我们的意图行动，却让他以为这仅仅服务于个人和家族利益，才背叛祖国、民族和信仰。"这种带有非接触洗脑性质的重点外交人格改变模式，已经成了美国外交体系的主体，技术外交超越了传统的博弈外交。

如果没有认识到这一点，就如同非洲封建时代的外交官员，无法理解欧洲殖民主义炮舰实用主义外交的特征，而频频受挫，最后全面沦落为跨国公司殖民地而依然不知所以，仅仅认为是军事的失败。

（5）金融主义国家必然是穷的越来越穷，富的越来越富，不存在中产阶级

图片说明：日本街头这样"蚁巢"一样的"格子"，每一个就是一户人家。这个"家"纵深小于 2 米、宽和高都小于 1.5 米，虽然小，但可遮风避雨，可容纳夫妇二人侧身而

卧,有灯、有电视、有电话、可算作法定通信地址和居住地(这很重要,是社会身份的象征,与流浪汉和寄居亲友家截然不同),街头有公共厕所、吃饭去街头餐厅、洗澡去公共浴室。也许无奈,但却是无力购房或支付房产税的"中产下层"的人生终点。住在这里不是"富人",但也绝非"穷人"。这样一个家,不包括电费、网络费用、电话费用、饮食等,仅房租每年需要 7680 美元,也就是说:如果年收入低于 2 万美元,是无力承受、拥有这样一个家的基本食宿、交通、通信等生活费用。日本人民每年要支付莫名其妙的"独立央行"发行"日元"而积累超过日本国民生产总值两倍基数的"债务利息",逐年累计,最后必将出现债务超过产值多倍的荒谬现象,中短期恶果逐渐显现。补充一句,这不是中国媒体的照片,而是《纽约时报》2010 年 1 月 2 日关于日本新年的社会新闻。(参考文献:日本"蚁族"无奈爬进"蜗居".新华网网刊载:http:// finance.sina.com.cn/money/lcfa/20100104/11197189025.shtml)。

截至 2009 年,日本全面进入债务预算的历史时期,用债务来支持预算,并用更多新债务来"归还利息";美国则全面进入"零储蓄"社会,这都是金融主义时代社会赤贫化的一个危险信号。金融僭主可以通过通货膨胀的骗局,让人们沉醉于虚拟增长的迷梦中,月收入上万美元照样流落街头,爬进"蚁巢",远远不如 100 年前收入 100 美元的人能达到的生活水平。

这绝不是一个社会变富的趋势,也不是孤立现象,而是虚拟经济制造的虚拟增长的结果,是如假包换的资本主义经济危机,特征就是:物价上涨被解释为经济增长、物价上涨与通货膨胀分离,这是债务金融主义时代的一个缩影。华尔街蓄意散布了许多有关"西方社会",也许"隐约"包括日本等国"全面进入福利社会"的骗局,一些到过欧洲、美国和日本等国的人,出于各种动机,共同编织着这个从来就不存在谎言。

2007 年 10 月 12 日,《纽约时报》公布了日本一个在家活活饿死的失业男子的"死亡日记":2007 年 7 月 10 日,人们发现他的尸体时,尸体已经半干,家中水电早已被切断。死者留下一本日记,最后一篇日记时间为 2007 年 6 月 5 日。日记记述了这名男子饱受饥饿折磨,体重不断下降的过程。"想吃饭团"是日记中出现频率最高的语句。其中一则日记写道:"凌晨 3 点,已经 10 天没吃东西但依然活着……我想吃米饭。我想吃个饭团。""死亡日记"最后一篇这样写道:"我肚子空了,我想吃个饭团。我已经 25 天粒米未沾。"(文献来源:日本男子在家活活饿死.人民网刊载:http:// pic.people.com.cn/GB/42590/6375336.html)不要认为这与金融战役学无关,不要认为这与自己的生活无关:

①在这个年过半百，一生拼命工作的劳动者失业后，由于没有一个米饭团就活活饿死，日本人均几万美元的"GDP"与他毫无关系，又被记录在"他"和"他们"的名下，这就是虚拟经济学。

②日本由于没有货币发行权，引进了"独立央行制度"、"债务货币制度"、"赤字国债理论"，把经济发展所需的货币符号解释为"赤字"，然后转化为"国际债权人"的债权，日本人民勤劳智慧，却欠下了华尔街集团远远超过日本国民生产总值的"债务"，并每年支付着"天文数字"的"债务利息"，仅仅是由于华尔街经济学的引进，这就是金融战役学中的理论高端控制策略。

③这不应该是人类社会的明天，如此几万亿美元的"GDP"不值得欢欣鼓舞，而要倍加警惕，认真研究如何摆脱虚拟增长为内容的美元隐性经济危机。

图片说明：左边是美国的粮票，右边是商店接受粮票的告示。2009年充满羞愧和感激地取得了一些施舍美国人有4000万之多（不包括没有申请到的和"幸运者"的孩子们）。美国佛罗里达州开普科勒尔居民贝穆德斯在领取粮票时勉强地笑着说："这是我每个月所希望的援助——我知道我的孩子将有食物。"最为可耻的是，这个让他们羞愧和感激的"华尔街福利体系"，却是在无情地剥夺了他们的劳动成果与财富后，又以此"圈养"减少社会反弹，伪善和精巧到令人毛骨悚然。终日劳动的人们却要乞食，恳求剥夺者"恩赐"，这是多么丑陋、卑鄙和肮脏的一幕，又那么真实。最令人深思的是：您没有听说过，这是"美国"吗？（参考文献：郭靓. 1/8美国人靠"粮票"生活. 新华网刊载：http://news.xinhuanet.com/fortune/2010-01/05/content_12756064.htm）

长期的社会心理欺骗，导致发展中国家的人们误以为美国"面包免费、牛奶白喝"，是一个市场经济国家，而忘记了美国是一个落后的垄断债务金

融主义国家，是一个破产的国家，是一个被跨国金融资本情报体系控制了的"被占领国"，开始仅仅是出现终生负债和零储蓄为特征的社会赤贫化，很快就出现了衣食短缺，目前美国有几千万人口和他们的孩子与老人，依靠粮票定量购买食品，不论是否可以吃饱，但至少免于饿死，这就是"圈养主义"，这些拼命劳动的美国人民，为何因劳动而求施舍呢？这与日本劳动者饿死在家一样，是广义财富转移体制的结果，也就是"虚拟增长"的结果——贫富差距在绝对数不断增长的假象中，丧失了起码的"比例公平性"（就是全体人民创造财富为 100%，人均货币符号越来越多，但这部分货币符号与整体货币符号总量之比，却逐年减少，以此压榨和欺骗社会的金融战策略——"比例骗局"），劳动者不得温饱，华尔街寡头拥有一切。

（二）金融战役学中唯一的一次未来学尝试——"金融战役总路线图"

这个世界有超越人类历史的思想巨人，但金融战役总路线图的很大一部分却仅仅是一个小孩子在记录公开的历史了，历史有千斤重、万斤重，人类的明天有多重，它就有多重，这里进行了一些未来学的尝试，权作茶余饭后的谈资，一笑了之而已。

1. 跨国垄断金融资本

（1）基石

跨国垄断金融资本的基本存在形态世家族世袭，他们最初大多是由欧洲实体资本、封建官僚资本、秘密会道门资本演变而来的，很多家族出身奴隶和罪犯，依靠高利贷、贩毒、贩卖人口、海盗、"银行武装"（雇佣军与土匪的二重体金融形态）、囤积金币、制造社会金融危机等手段起家。因此，欧美金融僭主体制，天然就带有跨国犯罪集团的性质和特征，与欧美黑社会、贩毒集团、情报组织，不过是花开几枝的问题。

金融僭主家族和自由竞争时期的资本主义实业家既有唯利是图、不择手段等类似之处，也有其天生就不重视实体生产，而偏重于控制金融制高点，操纵虚拟交易和诈骗获利的倾向。经过几百年的斗争，欧洲形成了英国苏格兰银行家集团和德国法兰克福犹太银行家集团（古典光照会金融资本，罗氏本为管理者，却成功篡夺、缔造了现代光照会体系，把这一巨大的跨国金融资本家族化了，罗氏也就金融僭主化了）相会竞争的局面，由于在围绕"美国独立"的较量中，苏格兰银团全面失利，丧失了对美国的主导权，资本主义社会出现了以罗思柴尔德家族为代表的犹太跨国金融资本，同时拥有着美国、欧洲、澳洲、日本、俄罗斯、拉丁美洲、非洲几乎全部国家的"独立央行"，在世界各国内部政治体系外，秘密建立了一个"独立的央行管理体系"，这是跨国金融僭主体系直接控制世界各国经济秩序和利益分配的基石，而债务货币理论、独立央行理论、赤字国债理论和私有大学体制，又是实现这一跨国体制的基石。

（2）发展

跨国垄断金融资本，跨国流动的特性使其占尽先机、影响巨大，在漫长的历史岁月中，逐渐形成、积累、发展中，通过资本凝结不断扩大力量，逐渐主导了欧洲经济学、金融学、社会学等学术领域的筛选规则，选择了一些有潜力的学者，利用他们逐渐发展起一套直到近代才逐渐成形的所谓"自由主义经济学说"，这个体系涉及很广泛，已经超越了院校的围墙，属于意识形态和金融战理论骗局，而不是任何意义上的学术理论。

它以服务于金融战役为根本出发点，大量采用**媒体渲染、学术霸权、奖项诱导、学术压力**（举例：私人大学雇佣"自由主义经济学门徒"教课，学生不照本宣科就"答错了"）、系统诡辩、偷换概念（比如，热钱叫"投资"、控制苏联工业体系和金融体系叫"合作"）、**学术黑话**（比如，"注入流动性"，这句话很难看出产业所有权的秘密转移）、**以真包假**（非代表性个案正确，战略方向错误；具体运算公式正确，但其根本就服务于一个谎言和谬误；华尔街媒体自己称之为"九真一假"，也就是通过九个无关紧要的"真"，散布一个至关重要的"假"）、**重复灌输、学者明星化**，在整个伪学术体系中，最基本的就是四点：

①用扭曲的"伪自由、伪人权、伪民主、伪市场"，系统湮灭人类社会的自由、民主、人权和市场经济原则，在伪善旗帜下，宣扬极端个人利己主义、无政府主义、弱肉强食的社会达尔文论，以此分化社会，弱化反弹与反思。

②独立央行理论、债务货币理论、赤字国债理论，这三胞胎孪生兄弟同时登台表演，通过制造"独立的金融机构"，让各国政府对"独立央行"的监管流于形式，秘密缔造跨国金融僭主体制在各国的代理人体制，逐渐架空各国政府对经济、预算、税收、储备、货币、金融等事务的主权。

③用三权分立、府院制、小政府大社会理论、选举捐助人体制、军队国家化等，把除了金融僭主世袭独裁幕府体制之外的一切政治形态，都诬

蔑为"集权体制"。由于任何人类社会必然体制集权、民主集中,这就形成了一个荒谬的悖论,必然走向金融僭主世袭家天下统治的终极集权体制。弱化政府作用,目的就是分而弱之、弱而集之、集而夺之。

　　a.要把美国政府和"民"对立起来。

　　b.用"强民"的内容,秘密替换人民或公民的实质,强奸民意。

　　c.把美国大政府化为小部门,这些看似"弱小"的办公室和委员会,却无比的集权,一个"专家"就有着一个国家级部委的无上特权,通过选举赞助人制度,可以轻易控制"他"或"她",就可以控制国家。

　　d.在美国缔造选举赞助人体制,由于"自由选举"需要花费几十亿美元、几百亿美元的资金,大资本家族都无力参与,只有拥有无数信用符号的华尔街寡头可以左右局势。自由选举制度的目的就是一方面把已经弱化的国家权力从时间段上进行"二次弱化",并且制造"名义领导忙于选举活动,世袭寡头把握实权"的畸形制度,进一步弱化公权力;另一方面在政治人物、团体形成气候的初期就开始选择和扶植,一般扶植两到三个简单"表面对立"的政党供人民"选择",以巩固这个看起来很美的骗局体制。

　　④把政府计划和监管与市场经济对立起来(世界从来就不存在无计划的市场,市场混乱的原因就是市场管理与规划的缺失)。市场是经济的固有属性,华尔街体制就是基于绝对资本信用垄断的寡头经济,是反市场经济的怪胎。

　　(3)独立央行体制的价值

　　把独立央行理论和债务货币理论付诸实施,在一定的历史条件下,依次在条件先后成熟的各国建立能够制造海量虚拟债务的独立央行制度和债务货币制度,让各国政府背负并不存在的虚假债务同时(各国外汇储备无偿交给"独立央行"管理,但各国政府使用外汇储备时,却要抵押债权,才能从各国"独立央行"取得等量本国信用符号),丧失对金融的监管权、实际的财经大权和货币发行权,制造一个又一个有着多重权力中心的各国政府,有利于对其弱化和控制,为从控制财权到控制政权的过渡,做好削弱各国国家机器的舆论、组织、人事、机构、习惯、心理上的全面准备。

　　(4)国际债权人的形成

　　跨国垄断资本依托实力,通过对各国独立央行制度和债务货币制度人为制造出来的国债进行大宗认购成为各国政府的最大债权人,也就控制了实行债务货币制度的国家的货币发行总量,从而取得对各国的货币发行权。

这时各国的独立央行不论是国有还是私有，都已经沦为一个"最大债权人"用来控制政府的工具和桥头堡。此刻，通过国际清算银行这样一个世袭金融寡头建立的"世界央行"来统一协调，各国政府就如同美丽的珍珠一样被串了起来，戴在了资本老妇的脖颈上，闪闪发光，无比诱人。

（5）货币发行权的威力

华尔街利用手中的货币发行权以投资形式大肆收购、控股各国金融资产（对各国金融机构参股控股）和实体产业（对各国军工、食品、饮水、房地产企业参股控股），形成跨国寡头资本集团（就是人们常说的"跨国公司"），把货币发行权演变为政治权力和对世界经济的全面控制权，把毫不值钱的数字货币符号付出去，换回投资信誉和世界所有实体经济的控制权。

（6）广义回流体制

在扶植一个私有货币体系，如美元体系的时候，就采用有计划的逐年贬值，通过比例骗局，维系信用广义回流体制的稳定。比如，华尔街1970年用1.8～2.5美元一桶的价格从中东购买原油，由于提成和设备购买，实际上每桶仅支付了1美元左右，中东国家如果本国原油开采完毕，所积攒的美元储备2008年7月5日在美国纽约却要支付143美元才能购买1桶原油，美元的原油购买力大幅贬值。

（7）选举赞助人体制的建立

在全面主导各国货币发行机制之后，打着"自由、民主、人权"的华丽旗帜，推广"自由选举、多党制"，利用"赞助"资金的有选择供给，扶植服务于跨国垄断金融资本的个人，团体，党派和整个政治体系及政治文化。这一步是把金融权力转化为政治权力最关键的一步，所以美国华尔街几十年如一日"饲养"了大批以"反对、颠覆发展中国家为目的的'民主'团体"，毫不吝惜"饲料"，他们就是以后那些"目前不听话国家"的领袖和政党雏形。

（8）世界政府的建立

华尔街垄断资本集团完成了对世界主要国家的金融控制、"自由选举制度"的建立之后，开始努力培育"世界货币、世界央行、世界政府"为内容的全球化体制，这与各国多极发展、多样共存的丰富多彩的全球化概念截然不同——这是一个以跨国组织条约为过渡、以暴力手段为依托、以洗脑和宣传为主要策略的"和平过程"和"自愿过程"，是一个华尔街世袭金融僭主体制主导下的"世袭家天下"的过程，是一个充斥封官许愿、"美好

梦想"的过程，初步实现后会是一个大多数人无奈，少数人获利的腐败过程。但绝大多数人不会立刻理解和感受到，倒退回世袭家天下金融奴隶制的真实意义与历史后果。

就整体而言，从战术层面来说，最重要的就是否定预发行货币余量的客观存在，通过缔造根本就不需要的央行体制，逆向渗透各国财政、预算和人事，由金融渗透政治；从战略层面来说，这就是一个政治经济学的简单再现。从控制虚拟经济开始，到主导实体经济结束；从控制生产资料开始，到主导生产关系结束；从主导生产关系开始，到主导上层建筑结束。一切就是这么简单，可以从初中教科书中找到，又复杂到欧美政要视而不见，奥妙不外乎那句俗语：鱼见食而不见钩，人见利而不见害。

2. 尝试以未来学角度浅析：寡头世界政府的实质与明天

（1）金融战役总路线图的未来学部分

金融战役总路线图到此结束了。下面是一些有关路线图内容的未来学探讨与延伸，可略过不看，更不需要相信，如不相信而恰恰又对了，那就太好了。

（2）高级金融主义

金融战役学中包含一个**金融主义三阶段论**，把跨国垄断金融资本正式攫取美国政权，建立美联储体制的 1913 年，作为进入**原始金融主义**的大致起点；把 1971 年美联储放弃金块本位，作为**债务金融主义**历史阶段的开始；暴力金融主义，也称**高级金融主义**则是一个假说，目前有出现的迹象，但没有正是进入。在金融战役总路线图中，人体支付芯片植入（2007 年美联储在中情局组织的跨国会议中正式明确，请参看《货币长城》）或超主权世界货币体制的建立，二者任意一个，都可以成为进入高级金融主义阶段的历史性标标志。

暴力金融主义阶段之所以是一个假说，也必须是一个假说。因为这不应该是人类文明发展史的一个阶段，而是一个文明发展被金融僭主体制扭曲，走上歧途的一个灾难性的结局，是人类文明的终结，而不是一个过渡性的历史阶段。这里用未来学逻辑推导，看一下高级金融主义历史阶段对人类文明的影响。

（3）未来世界

1. 代价

直到跨国金融僭主家族建立世界政府为止，还有少数人获利，但这并不值得。不论一个人的意识形态、民族肤色、人种国家、宗教信仰为何，都不能短视地作"世界政府、世界央行、世界货币"的"吹鼓手"、"打手"和"明星"，一个用现代技术武装起来的跨国金融僭主体制，不需要任何人就可以完美运转，这和传统人类社会的金字塔结构不一样。投靠金融僭主家族，不能简单等同于历史上常见的背叛与投靠，而是自杀。

当前人类社会中流传着一种非常可怕的集权政府悖论，让人们误以为：集权政府就是坏的，政府应该交给所谓的"民众"管理（这个说法充满了华丽的气质，令人赏心悦目，迷惑了欧美人民，但其实就是交给跨国金融僭主体制之前的理论政变）。因为，一个人，必然是一个社会的人；一个社会政府的管理过程必然是集权的，如果政府不是集权政府，就不是所有人的政府（**集权政府悖论**），根本就无法履行管理社会、服务每个社会人的义务，社会必然陷入一个无政府状态的真空，社会公权力必然落入拥有最大资本的华尔街金融僭主家族手中。

华尔街媒体通过偷换概念，把人类社会正常的集权政府宣传成另一个概念的"集权政府"，（令人悲哀的是：寡头世袭家天下的僭主政治，甚至还远远不如一个真正的"集权政府"，而是人类历史上最黑暗、最腐朽、最没落的世袭皇族集权制度），把服务和管理对立起来，把计划和市场对立起来（市场必然是有计划的，不过是由谁来计划；计划的主体则必然是实体经济和虚拟经济构成的市场经济，离开市场经济这个目标主体，也就无所谓计划，这是一个悖论），制造了巨大的、世界范围的无政府思潮和混乱，其结果是：人类社会依然需要一个管理机构来维持社会运作，既然不"集权"于政府，就"放权"于社会，社会上的一个乞丐、一个穷人、一个孤寡、一个独立的社会人，甚至一个有能力的中小资本家能取得并执行这种权力吗？当然不会，只有资本主义社会中控制着信用供给的金融僭主家族会取得这个权力，也只有他们才有能力执行，他们的确不是集权政府，而是一个秘密的、世袭的、绝对的、集权的金融僭主世袭家天下的垄断幕府。

那些自以为"是某个阶级的人"、自以为"是国家政权受害者的人"、自以为"获利匪浅的人"、自以为"我们的阶级胜利了的人"、自以为"我和我的家人总算得到了利益的人"，在欢呼着、喊着"一二三"的口号搞垮了一个又一个原本正常的集权国家政府后，总有一天会不得不跪伏在世袭金融僭主家族奴仆的脚下自称奴仆，乞求恩赐和怜悯，其内涵远远不像面对一个集权政府的公务员那么简单。

现代集权政府的非世袭性和金融僭主家族幕府体制的世袭性客观对立，决定了集权政府必然是相对民主和自由的，而寡头影子政府则必然趋向于秘密结社的封建社会，甚至是奴隶社会。1913 年美国政客集团、实体资本集团、金融集团、代理人集团都积极参与了建立美联储体制，实际上颠覆了美国民选集权政府，并取得了成功。可其后，华尔街金融僭主家族，用几十年的时间已经基本完成了对所有实体资本、政治势力、金融资本权力的攫取，罗思柴尔德家族已经控制了美国政府的一切、美国劳动人民的一切、美国资产阶级的一切，并且已经开始试图进行人身芯片控制（美国芯片家庭已经出现，请参看拙作《货币长城》），这种人体芯片控制比一个现代集权国家的法律体系，甚至比古罗马奴隶制集权国家对人们的控制要"全面"得多、可怕得多，可以有效实现一个金融僭主家族对全人类的绝对奴役。那些曾经"出过力、大笑过、得意过、享受过的人们"，没有形成"世界政府"新王朝官僚集团的能力与可能，微笑着、抑或是哭泣着接受芯片植入的账单，这就是华尔街否定资产阶级革命"平等、自由、博爱"理论体系，推出"民主、自由、人权"思潮的实质，**集权悖论骗局**。

2. 代理人的消亡和代理人阶层的悲剧性宿命

金融僭主家族仅仅是一个家族，体能与智能与普通人别无二致，能够统治全球，让全世界交出货币发行权，绝不是仅仅依靠"债务货币理论"、"独立央行"理论就行得通，很多人对此心知肚明。

金融僭主体制的社会本质和体制内容，就是一个广泛存在的跨国金融代理人体制。这个代理人体制的历史复杂性在于：重点不是传统买办阶层用于主导殖民地获取利益的金融战工具，而是通过扶植、纵容等逆向策略，讨好、分化、孤立和瓦解各国精英阶层和社会上层，让各国精英阶层把自己从主导各自社会的领导者、受益人的潜意识定位，潜移默化地转变成一种带有鲜明私有制思维定式的心理欺骗性定位——从"本来是我的"，变成"我要偷，使其变成我的"。

欧洲各国的精英，各国的领导者，纷纷变成代理人，从正大光明地占据上层建筑，到依靠跨国金融僭主情报体系的力量，"秘密偷占、抢占本国利益，然后分成"，这种行为受害最大的就是各国的精英阶层，最先出面维护的，却是各国的中下层。因为，中下层最先感受到虚拟增长的恶果，对手中的纸币符号与购买力的灾难性比例失序，有切肤之痛，迫不得已出面维护传统的精英体制，却遭到精英体制最大受益集团的痛恨和打压，这就形成了封建贵族争相投靠跨国银行家集团，联手扑灭本国爱国主义运动，也就形成了贵族集团全力颠覆贵族体制的荒谬局面，这个过程是一个物理过程，是金融战役总路线图的一部分。

当各国贵族体制，逐渐演变为本国中下阶层痛恨和对立的跨国代理人集团后，金融僭主家族统一欧洲的历史过程就结束了。然后，就是一个扶植长期被压抑，在维护精英体制却不断受到精英体制打压而必然失败的中下阶层中，寻找新的代理人，以"正义的面孔"出面消灭腐朽没落、叛国投敌而闻名的欧洲封建贵族体制，轻而易举，还得到了大多数人的拥护。

3. 演变

这里不谈道德、不谈民族，仅站在纯技术、纯利益、纯未来学的逻辑演变角度，谈谈代理人阶层在世袭僭主家族主导的世界政府中，将如何演变与消亡。

（1）代理人阶层在世界政府完成之前，他们的利益趋向最大化，此后递减

道理很简单，代理人阶层在世界各国，起着一个内部破坏、情报渗透的作用，在寡头控制的"世界政府"建立之前，他们与僭主家族属于"平等联盟"，似乎是一个超越民族利益、超越道德伦理约束的利益追求共同群体，他们与金融寡头有交易，但更类似于盟军而不是隶属于金融寡头，或者说他们仅隶属于纯粹的利益。当然，其中不乏有一些反社会人格的心理变态者，但不是华尔街代理人阶层的主体，虽然华尔街在各国的代理人阶层普遍具有反对各自国家、反对各自民族的内在倾向，也具有各自的政治野心，但他们的言行主要基于策略和表演，基于纯粹的利益驱使，而不是一个有政治理想的群体。

在世界政府建立之前和之中的"幕后交易"中，华尔街对于各国代理人的依赖，超过代理人阶层对于寡头的依赖（这里不是指自以为是代理人的炮灰和小丑，这个群体客观存在，网民有时管这种人叫"五毛党"，就是为了一点"发帖费"就四处攻击、自吹自擂的"网混"，主要由边缘人格的准心理变态者构成，战略影响不大，可怜大于可恨，他们需要心理疏导与人文关怀，不予讨论）。代理人阶层对外输出本国 100 美元的权益，他们仅要求取得 1 个美分就心满意足了，这 1 个美分，精英阶层出身的代理人集团，在哪里都可以轻易取得，但华尔街离开各国代理人阶层，就无法取得这 100 美元的权益。

所以，10世纪欧洲跨国金融资本隐约成形以后，欧洲各国代理人阶层的家族收益、社会成功度普遍好于普通贵族家庭，这导致了一种上层建筑的认知错觉和决策趋向，这种趋向就是金融主义制度中一种扭曲的、新形式的殖民主义利益驱动体制。代理人阶层之所以利益大，关键在于他们是整个金融主义体制在各国家民族内部的支撑点、金融战役节点和"一切关键中的关键"。这样，代理人阶层就超越了肤色、宗教和个人经历，成了一个看似富裕、宽容的寡头体制内的独立于世袭债权寡头和世袭债务奴隶的特殊人群。

（2）代理人阶层在世界政府完成之后，他们的利益趋向负值

华尔街僭主家族主导的"世界政府"建立后，代理人阶层表面上利益变大了，也就是从秘密的后台走到了公开的前台，因为他们自己不一定全体都想选择出任"地方政府（原独立国家）"的官员，但他们却是"义不容辞"，因为不论从能力、经验、社会关系、体制控制、人员配置、可信度等都是跨国金融僭主集团组建世界政府初期最佳的扶植对象。这时表面上看，"他们功劳很大，寡头待他们也不薄"，但此刻代理人存在、独立和牟利的客观基础已不复存，他们无法继续为金融僭主体制输出利益，因为民族国家消亡了。他们逐渐从左右逢源、游刃有余的"盟友"，演变为了寡头家族的下级奴仆，成为僭主统治集团的中下层。这里有两个变化：

①竞争与"新人"

僭主家族主导的世界政府建立之前，代理人阶层很神秘、很专业、属于小圈子，普通的人加入不了，所以缺乏足够的候选者，竞争的压力不明显，所有阶层都没理解精英阶层及代理人阶层这一客观现实，对精英体制抱有传统的幻想，依靠他们对抗寡头压迫，实现民族利益。华尔街寡头依靠他们实现跨国僭主体制，谁都对他们依赖很大。他们人数少，但在这个较量的天平上，却起着决定性的作用。

但在金融僭主家族有条件直接、公开地主导世界政府的历史阶段，代理人阶层的这种天然的"优越性"，逐渐受到削弱，直至不复存在——他们所痛恨、所最终成功消灭的爱国主义者，恰恰是他们利润的源泉和讨价还价的本钱，也是保护他们生命和利益的天然屏障。在世界政府中，爱国主义并不是真正被消灭，而是理智者出于对愚昧短视的代理人集团的报复性反弹脱离了爱国主义轨道，相互毁灭这是世界政府不可避免的历史时期，虽然理智者明知这样的结果受益者是始作俑者，但历来对叛徒的痛恨，都

超过对敌人的痛恨，人的行为会趋于满足而不是利益，事实还不这么简单，代理人阶层的愚昧、短视与傲慢，也必将对所有社会阶层构成现实的威胁，压力与反弹成正比。

世界政府中的代理人阶层会逐渐成为各"地区"民众的对立面（虽然代理人阶层会继续利用与金融僭主家族的"伪爱国主义"的虚假对立策略来巩固自身的地位，但效果却随着国家民族构架的彻底崩塌趋于无效），不再有金融情报组织的渗透性和"伪代表性"，愿意加入这个"地区政府"的人，由于合法化、正当化的缘故，会多到数不过来，构成一种简单的求职行为，而不是秘密招募和投靠。这对僭主家族当然是好事，对代理人阶层却会形成激烈竞争，老代理人阶层虽有优势，并且也会搞联合与压制，但问题会随着时间推移多起来，单纯的联络或压制新人也不是办法。早期神秘诡异，自以为得意的联姻、秘密加入跨国会道门等，都突然变得意义不大了，这很正常，但一定会超出代理人的理解，这是历史局限性和阶级局限性的共同结果，不是理解力的问题。

②过渡与技术

从美联储 2007 年决定实施全球人体芯片体制，到华尔街寡头家族绝对主导世界政府，即便按照最"乐观"的估计，也要有 30～60 年的时间来"过渡"，这段时间无疑是代理人阶层的黄金时间。从国家和民族利益看，这无疑是叛国和卖国，是对外输出权益，但这也是代理人阶层最大的价值所在，因此世界政府建立、国家民族名存实亡之后，代理人阶层面临"无国可卖、无国可叛"的尴尬局面，也就丧失了存在价值的基本立足点（代理人不是人人都愿做，绝大多数人基于民族利益很难收买，虽然他们也不是圣贤，可世界政府在各"地区"的公务员则属于普通的职业）。

各国代理人阶层和早期纠集在一起，齐心合力联合欧洲跨国金融寡头集团控制美国政府的那些美国政客集团、美国实业资本家、美国金融资本家非常类似，这些利益集团被美联储世袭股东彻底清除，用了 100 年的时间，2007 所谓的"次贷危机"主要清理的是美联储体制的外围，包括罗思柴尔德家族早期的一些最嫡系的德裔犹太金融代理人家族，如"雷曼兄弟"。但这个时间的估计，可能会大大提前，如同罗氏控制了日元体系后，40 年左右就完成了日本的土地、资产兼并——原因就在于跨国信用体制的建立会大大加速这一趋势，有了跨国电子交易体系和衍生金融工具之后，资本凝结的速度会进一步加快。

世界政府中的代理人阶层面临的历史条件有一个巨大的不同：**技术进步**。这导致了统治策略、控制手段截然不同。在今天的美国，除了少数芯片植入的社会实验外，华尔街实现对绝大多数美国人民的统治还不得不依靠整个代理人体系（包括美国政府、军队、情报组织、宗教组织、黑帮、好莱坞），也就是说代理人阶层与华尔街依然是"浑然一体"，是一个谁也离不开谁的关系。

但50年以后，无线PB级网络技术；全球低轨卫星网络遥感、定位、通信技术；机器人技术；精神药物技术、基因工程技术、超级智能化数据库技术、人体芯片技术、生物识别技术、侵入性和非侵入性洗脑和读脑技术的进步，会导致整个地球变成一个牢笼。当然，此处可以换成"把整个地球看成一个美丽、自由、民主、人权的大家庭、伊甸园……"这样的说法，这里仅仅随意选择了一个简单的修辞，文字无关紧要，关键是内容与性质。

这个"世界政府监狱"里面的人无所谓"逃离"、无所谓"躲开"、无所谓"逃避"，必须终生24小时接受看得见或者看不见的卫星监控，植入身体的生物芯片会对微波辐射做出反应，不需要有能量。当然目前有报道说可以做到几千米远，还是目前实验中最远的，离200～400千米的低轨卫星轨道还有巨大的差距。但50年以后，这将不是什么问题，而且对于微波的研究会让卫星可以穿透土地和掩盖物进行观察与跟踪；对生物芯片的研究会导致依赖人体热能产生能源的微型芯片或核能源电池，这些目前都已经有了实验室产品，虽很不成熟。但已经小型化，立刻用于人体芯片毫无问题，可以终生不用电池。

在这种技术大背景下，技术控制逐渐替代传统社会控制构架的绝对身心控制体系建立的技术可能性已经存在（对于金融僭主家族也有充足的"必要性"），人们只要暂时跳出自身善良的道德观念就会立刻明白：人们即便甘心情愿世世代代被僭主家族剥夺，可剥夺者依然不会感到满足，因为"剥夺的过程，必然是不稳定的消极过程"，比起人类社会的发展和人类生存与否来说，僭主家族会更看重自身的利益和僭主体制的战略稳定性。

技术背景介绍：

a.人体植入芯片对思维的探知

美国波士顿大学早就开始了人体实验，把芯片植入实验者的大脑，采集电脉冲信号，然后尝试解读成文字，以此让人体芯片具有监控人思想的能力，目前系统已经可以识别一些思想。（参考文献：张钊．"读脑仪"让思想变语音．新华网刊载：http://news.xinhuanet.com/ world/2009-12/27/content_12707441.htm）

b.用不充电的小型核电池

图片说明：2009 年 10 月，美国密苏里大学计算机工程系公布的实验室产品，左边是小型化的核电池，右边是一枚硬币（直径 1.95 厘米，厚 1.55 毫米），"可以让一部手机 5000 年不充电"。如果这个统计结果是按照 100 小时待机，1 小时通话的耗电比例计算，那么足可以让手机连续通话 50 年以上（这是为了实时视觉、听觉、思维脑电脉冲信号监控与"修改"的需要，实际可能不需要，针对中枢神经的一次性"过载性放电"指令或"修订"指令，可能仅需万分之一秒就能在几万千米之外遥控完成）——也就是说，可以让一个植入人体的芯片 24 小时与低轨卫星联络汇报，接收指令。虽然，目前的卫星与手机还很难直接联络，但 50 年以后，这将不是问题。（参考文献："硬币大小高性能核电池·不充电可待机 5000 年"．新华网刊载：http://news. Xinhuanet. com/tech/2009-10/10/content_12205973.htm）50 年对一个人来说不算终生，但对于一个芯片人来说，则很长寿了。因为有科学实验表明，植入华尔街人体芯片的小鼠会围绕电极蔓生恶性肿瘤，病理学家约翰逊于 1996 年曾作过一项相关研究，他的结论是："那些信号转发器正是导致肿瘤的元凶。"但 VeriChip 公司生产的医疗用无线射频识别（RFID）芯片依然获得美国食品及药物管理局（FDA）批准，用于人体植入。

③人体芯片对人脑的影响

2009 年，英国媒体报道了英国牛津大学精神病学系近些年来人体植入芯片的实验成果，通过植入人体芯片可操纵人的"前额脑区底部"，让曾经"不主动"的实验者，产生不可抑制的交配冲动和快感，让没有食物者的大脑，凭空产生吃美味蛋糕一样的愉悦和满足，有关美国人体芯片社会实验和人体芯片图片新闻，请详见拙作《货币长城》，这里不重复了。

牛津约翰·拉德克利夫医院神经外科教授阿齐兹介绍说："有证据显示

这种芯片是可以运作的。数年前,有一位科学家将这种装置植入一位性欲低的女子脑中,令她变成一个性生活非常活跃的人。但她不喜欢这种突如其来的转变,所以她头内的芯片已经移除。目前的技术需要开刀,把心脏起搏器的一条电线连接到脑部去,但这个过程会令部分病人流血,既扰人又粗糙。当技术得到改善,**脑部深层刺激**就可以在很多新的区域发挥功用了。到时这种技术会更精良,**让你可以按需要开关芯片(的功能)。10年间,可供应的疗法范围会很惊人**。到目前为止,我们所知道的可能性还不及(整体的)一半。"(参考文献:英国科学家研制大脑芯片治疗性冷感病症.新浪网刊载:http://news.sina.com.cn/h/2008-12-23/005116898504.shtml)。

(3)世界政府中,不利于代理人阶层的负面因素

①背叛者无法奢求道德的庇护

代理人与寡头的关系虽然有可能表面很亲热,但这些超越了伦理、道德、民族观念的人们之间不存在任何信任、友谊、忠诚、信赖,有的仅仅是交易、价值、依赖、理智,且这种交易本身,就是背叛与出卖的产物(代理人自己可以自欺欺人,金融僭主却对这些打开城门换取首饰的人们充满戒心、蔑视和厌恶),这就导致代理人阶层可以从寡头那里分取的收益必然随着重要性减弱而减弱,不存在任何感情因素。

②利益与代价的不等式

代理人阶层必须率先自己给自己套上芯片枷锁,虽然他们内心不愿意,但至少中下代理人阶层无力反抗,也不敢反抗,这就会形成一个寡头统治的芯片奴隶与自由人代理阶层的"潜在矛盾",这个矛盾的本质超越了原来的国家、民族、"钱的多少",而是一个代理人阶层由于长期的反道德的愉悦和超然的特殊地位养成了自以为是的思维定式,并不一定理解或者很难接受"寡头、芯片奴隶、自由人"三个政治集团之间错综复杂的关系。

③此刻谁最强大?

人体芯片体制中,寡头和芯片奴隶的"奴役联盟"远远比代理人阶层强大,代理人阶层要么接受芯片,要么被芯片奴隶替代,两条路都通向奴役与灭亡,第三条道路的潜在可能意味着选择与寡头直接对抗。

④此刻谁对寡头威胁最大?

这个问题有点像古代谁对皇帝威胁最大一样,一般来说,皇帝最害怕的就是大臣,故有"君臣一日百斗"之说。大臣是最了解内幕、最接近皇权,是上层建筑中除了帝王能量最大的人。世界政府中还多了一条:大臣

是自由人，芯片奴隶中不乏有能力的人，替换老代理人阶层的学者、专家、技工比比皆是，这场对代理人阶层的最后清除，仅仅是时间早晚的问题，虽说会有斗争，但不会有任何悬念，因为代理人阶层既无道德优势，也无实力优势，仅仅是一个早期跨国金融情报体系的外围高级炮灰人群。

（4）代理人阶层灭亡的深层次原因——唯心主义世界观

①消失的鸿沟

代理人阶层获利的本质是出卖生死攸关的战略利益，换取看似丰厚的战术利益，把有用当做真理，也就泯灭了战略利益与战术利益的历史鸿沟，最终导致自身在不断胜利的表象中，走向不可避免的失败。这种现象的本质是唯心主义世界观，华尔街的银行家族从来就不崇尚唯心主义，却是世界唯心主义哲学体系的奠基人，因为近代唯心主义哲学体系本身，就是广义社会控制体系中的金融僭主控制体系分支的组成部分。

辩证唯物主义哲学体系与形形色色的唯心主义哲学体系争夺的从来就不是什么意识形态的对错，而是在争夺永恒利益的制高点，前者服务于包括金融僭主家族在内的全人类，后者仅服务于金融僭主家族，这是一场殊死的较量，表面看是金融主义僭主世袭家天下体制与社会主义公天下体制的竞争，实际上却是人内心短视与远见的斗争（这是这场斗争有脱离智力角逐、能力角逐潜在倾向的物理原因），死的愿望与本能和生的愿望与本能的斗争。

②文明临界点

欧洲古代的跨国金融主义，不是资本主义的产物，早在古威尼斯共和国时代就形成了，近代欧洲资本主义萌芽，由跨国金融资本主导，给金融僭主蒙上了一点点"进步"的色彩，但如果仔细衡量历史的发展，则会发现欧洲的资本主义，没有经过自由竞争的历史过程，披着浓厚奴隶意识形态铠甲的金融主义（文艺复兴是银行家要在欧洲"复兴"古罗马法西斯体制的金融奴隶制社会的思潮，请参看欧洲各卷），借助工业革命的伟大力量，一下子冲到了现代社会。各国代理人阶层，替代着本应存在的各国实体经济资本家，形成了一个强大的合力，服务于跨国金融僭主家族。

他们为了眼前的利益，把整个人类社会驱赶到了一个寡头控制的"世界政府"的牢笼中，这个过程对代理人阶层是一个胜利接着一个胜利的海市蜃楼，似乎是一个越来利益越大的过程。但在资本丛林的深处，这是一个包括代理人阶层在内，整体人类社会越来越削弱的过程，是一个金融寡

头成功地把人类社会分成"代理人阶层"和"普通人阶层"分而治之的策略性过程，这与其说是一个道德的过程，不如说是一个物理的过程，一个包括金融寡头、代理人阶层、普通人阶层在内的人类社会被资本怪物裹挟走向文明发展断崖的过程。寡头化的实质并不是寡头的胜利，更不是代理人阶层的胜利，而是人类进化的畸形化和失败，是私有制索取的代价，是私有制导致的资本兼并达到巅峰时刻，人不能控制资本，而是被资本左右，没有能够走向社会主义国有制公天下，而走向灭亡和倒退的一种潜在战略可能性。

整个过程最为可怕的一点是：裹挟性、自发性和盲目性共存，甚至有一种"必然性"。这不是说这一切必然发生，但如果没有人站出来反对，并且成功反对了这个资本主义世界，资本不断世袭凝结的总趋势（这种趋势是由资本的凝结和资本与权力对等的资本主义机制所造成的，尤其在金融主义历史时期，这完全不是生产力优化和自由市场的结果），那么一切都将不过是个时间早晚问题，谁也无能为力。金融寡头家族必将随着人类的毁灭而毁灭，但这丝毫不令人欣慰，因为资本怪物本来要毁灭的就是全人类，华尔街寡头不过是资本梦中人，是资本怪物的奴仆，而不是资本的主人。

③集群意识

笔者写下这段文字的时候，怀着一种天真的愿望，希望超越道德、民族、好恶来劝告整个人类，包括那些寡头、代理人阶层从这场私有制迷梦中醒来——你们为什么要戕害人类，世袭金融僭主家天下，是你们子孙后代想要的未来吗？

a.白蚁意识

跨国金融资本在物理世界飞速的流动，扩大了一种本来就存在的物理现象，一个又一个活着的、有独立意识的人，在不察觉间成为一个有着活的意识的资本怪物的单个细胞，如同白蚁群体中，每一个个体并没有意识到他们在构筑一个复杂的巢穴，而整个巢穴却越来越大，并且很复杂（问题是由于资本主义制度不可避免的世袭资本凝结，资本与权利对等的社会模式，必然导致世袭寡头政治的出现，"蚁巢"也就朝着倒塌的方向发展了）。

我们人类身体的单个细胞，包括大脑中的单个脑细胞，并不理解"我们"在干什么，但我们的身体却是由无数个"无知的单个细胞"组成的，"一个活的资本怪物集群意识"，这不是笔者杜撰出来的形容词或文学比喻，而是经过长期的思考，突然理解的一个"不太好理解的生命形式"，它正带着"不完整的意识"，如同一个婴儿，出于追求利润的本能，不断爬向断崖，谈不上道德或者不道德，但那里却是人类文明发展的终点。

b.集群意识

笔者很痛心，很无奈，又很天真地写下了这些肺腑之言。这里，不是在替某个阶层说话，也不是在替某个国家说话，而是真心地看到了资本主义社会正孕育着人类社会有史以来最大的社会危机——文明危机，却无可奈何，可人类社会普遍没有认识到集群意识的真实存在，而总以为自己的意识是唯一的意识，或者简单地把集体意识看成是一个"象征性的词汇"。

实际上，几十人紧密联系就可以形成**初级集群意识**，它可以影响单个人的思维（这不是简单的心理暗示、从众效应、群羊效应）；几十万人紧密联系就可以形成**中级集体意识**，它初步具有轻易扼杀单个人反抗的能力和意愿；几十亿人通过现代科技达成了远远超越古代的紧密联络，具有一种**高级集体意识**，由于科学技术的进步，人类个体又无法脱离地球物理限制，所以实际面临无法摆脱的局面，除非自我隔离、自我退化做一个非社会的人。

高级集体意识已经有了初步的自我意识、行动本能、自我目标，每一个人都是一个"单个细胞"，这如同巨型机中，每一个"中央处理器"（CPU）都具有几百亿次运算的能力，但却不过是上百万个并行"细胞"中的一个。由于目前人类联络还比较松散，所以这种高级集体意识的自我意识还极其薄弱，但自我目标、自我满足的行动本能已经初步具备，每一个社会个体不容易理解几十亿人构成的高级集体意识，这与一个单独的大脑神经元细胞，即便具有一定的自我意识，也无法与整体大脑意识统一，单个个体的纠错性很弱，趋于零。必须保留足够多的国家民族的数量和多极性，才能在纷繁复杂的人类物种进化中，保有足够抵御进化风险的系统"鲁棒性"——因为，华尔街的一切思维都被认为是"国际惯例"，可这样一个世袭家天下体制，正把人类文明扯入倒退的沼泽。

高级集体意识会随着人类社会的紧密度而增强，最终会发展成什么样子，笔者的水平看不到那一步。我们每一个社会个体时刻会受到本能需求的困扰，生存需求导致了不断强化的追求空气、空间、食物、水和交配的欲望，绝大多数人必须服务于这些需求，才能度过须臾而过的人生，仅有少数个体通过洞察历史长河的能力，总结出了科学、哲学、文化、习俗，有效地影响着后世子孙，这种影响在人类社会中，远大于交配遗传，学习是人类进化有别于动物的大分水岭。

但是，高级集群意识却是相对永生的，如同我们身上的细胞每天都在死去和新生一样，人类社会中老人的死亡和婴儿的新生对于高级集体意识不过是"新陈代谢"罢了。最现实问题在于，高级集体意识也会犯错误，也会得各种疾病，包括意识和身体的，比如，大规模的毁灭性瘟疫、大规模的错误思潮、世袭家天下芯片控制体系的发展方向等，都会导致社会个体与高级集群意识，即"人类文明"、"人类社会"的巨大风险和危机。

c.高级集群意识的历史功过

人类高级集体意识是物质世界的客观反映，不能简单地用好或坏来评价，但不能在它不成熟的私有制阶段，在社会权力世袭家天下的"世界政府"之内；在人体芯片奴隶制下；在历史条件、生产力水平、社会个体觉悟和素质远未接受的情况下，任由华尔街世袭金融僭主家族人为地"拔苗助长，促其出现"，这其实是一个世袭寡头家族自以为控制了人类高级集群意识的假象，寡头并不理解的是：他们自己正在被高级集群意识所利用。

我们要阻止这一切发生，为了人类的整体利益，为了人类的发展和进化，寡头们，代理人们，住手吧，现在还来得及。一个多种多样、五彩缤纷、百花争艳的人类社会才是我们最需要的，才是人类文明永不失误的系统性保障，目前的高级金融主义道路在远方的断崖前朝人类社会招手了，不能再大步朝着"世界货币、世界央行、世界政府"这个华尔街金融僭主家族规划的人体芯片奴隶制社会前进了。

几十万年以后，当人类社会生产力得到充足发展，当人类有能力跨越空间运输的物理樊篱，当人类初步摆脱了私有制与生物钟的桎梏，当人的身体摆脱了有机体的束缚，高级集群意识，将由无数个具有独立自由的个体意识的无机体和有机体混合的存在形式，最终是能量形式的存在，完美构成，最终得以摆脱时间和空间的局限，超越个体消亡的宿命，融入物质世界的无限与永恒，这个壮丽无比的过程，就是共产主义事业的全部含义。

4. 华尔街金融僭主的历史命运

世界政府和世界人体芯片支付控制体系建立，高级金融主义主导的世袭家天下体制将出现史所未有的"稳定"（也可以称为"凝固"）和高可控性。

（1）犯罪的改变

目前最小型的无源射频芯片只有1～2个米粒大小，硬币大小可以供电百年的核能源电池也已经出现，这些植入大脑，几乎不会有任何不适。随着原子元器件的出现，一个依靠人体生物电工作的射频芯片肉眼都会很难看到。纳米元器件的工程化后的人体芯片完全可以随着肌肉注射、饮料等不知不觉地进入人体，所以人体芯片植入过程，不会像科幻小说一样充满暴力和反抗，甚至由于华尔街私有化学武器公司已经彻底控制了大多数国家的食品、食盐的供给，顺从基因已经被发现，通过基因工程秘密改变后的人类社会，人体支付芯片控制体制仅仅是一个"双保险"。

纳米芯片和分子机器人可以顺利地通过血脑屏障，进入人脑，附着在特定的神经元上（"植电极·美国波士顿大学研究人员3年前着手测试这套名为'神经分析系统'的装置。研究人员在测试对象大脑中负责语言和运动区域的边界植入电极。4个月后，研究人员发现，神经轴突生长并附着到电极上，开始产生神经信号。研究人员让测试对象心中默念几个基本元音。神经分析系统帮助下，这些元音1秒钟内传入研究人员耳际"，参考文献："张钊．美国研发读脑仪·可将人类思想转化为语音．新浪网刊载：http://news.sina.com.cn/h/2009-12-27/074219346601.shtml"），它本身完全可以不依靠电池（此处指生物芯片），人体的生物电就可以供给能源，纳米芯片的工作和病毒类似，如果要求有"信息反馈"，则需要另外一种比较大的植入芯片，当被微波扫描的时候，就会产生辐射反馈，这就是人体支付芯片的价值之一。

作用于中枢神经的"特定点"的电流，不需很大就能让人瘫痪、患病、失忆、失常，癫痫仅仅是人体大脑生物电流的局部异常，就可让人瞬间失去意识、口吐白沫。这些"支付芯片"里面存储着所有的"数字超主权货币"，现金只有在博物馆才能看到。不过，即便有现金意义也不大，因为现金上会有可跟踪的纳米芯片，并有永不重复的确认身份编码。初期，人们也许还可以脱离终端扫描距离（目前一般不超过1000米，有实验报导说可达8000米），可随着卫星技术的进步，200～300千米的低轨卫星网会24小时不停地取得各种芯片的精确位置和所有，并作永久记录，匿名现金的概念也就退出了历史舞台。

由于现金与交易匿名化的消失，强夺财物为目的的暴力犯罪将逐渐消失，由于"娱乐性植入芯片"的普及，或者通过"简易伽马刀形态头盔（就是用多个点，进行射频影响，强度均在无影响范围内，但几十、几百微波聚焦在大脑一个点，就会造成刺激、影响，乃至摧毁的技术）"的多点刺激大脑皮层特定区域的应用社会化，通过电子吸毒，可轻易获得美食、毒品、性快感，甚至是实现自然人体感知无法实现的神经快感体验，在可能导致

食品行业萎缩的同时，也会让性暴力犯罪大量减少，但与此同时电子吸毒精神创伤性精神病的无意识暴力犯罪，会逐年增加。

（2）社会反抗的彻底消失

华尔街对人体思维的操纵和读取已经研究许多年，"录制"和"解读"视觉、听觉、思想生物电脉冲信号，直到近些年才取得了实践性的进展，录制和解读神经元脉冲已经初步实现，这是具有划时代意义的变化，却很少有人关注。目前已经可以做到人工耳、人工眼（目前已经有不太成熟的商品），直接替代伤残器官连接中枢神经，但截获、录制、改变"生物电神经脉冲信号"比这更有价值。

通过这一技术，人体芯片可以做到从所有角度、所有层面监控一个人，任何集会、密谋、私交都有电子录像记录的资料文献，纳米芯片和量子芯片的出现将推动数以百万亿倍的信息处理能力的提高。一个百岁老人，终生所有的视觉、听觉、味觉、思想、文字记录的信号总和，用 1 小时 1024 兆字节计算，从生到死 864TB 字节，目前大约是 1 个高档的数据磁带。目前半导体存储性能价格比的进步是每 10 年 100 倍，目前最大的单个芯片仅能做到 0.0064TB，但 50 年、100 年以后，"世界政府"的"巨型机"将可以轻易地存储、检索、控制所有人的"终生数据"。

这时，僭主讨厌谁，或仅仅是出于游戏，点击一下键盘就会"解决"，可以让这个芯片人走路时突然失明被车撞死、爬山时突然丧失意识摔死；或者会突然丧失支付能力，出现巨额债务，无法购买食品和饮用水，流落街头饿死；"世界政府"在实现人体支付芯片体制后，监狱只会关押极少数"重要的人"，一般人可以"电子监控，画地为牢，离开就死，尝试就疼"，或者"一想反抗就疼、就死"，甚至"根本就不想反抗"，因为人体神经的补偿机制会被电子吸毒打破，人拼命地劳动，仅仅要求一些"电子信号的服务"。不过"狭义剥夺自由"的意义并不大，因为机器人技术和控制思维、读取思维的实现，甚至会改变人的行为，让自发无偿劳动和对寡头的忠诚行为，受到愉悦的奖励，而任何"出格的言行和想法"，都无法得到愉悦，人会自杀或屈服于电子愉悦信用本位货币的控制。

加利福尼亚大学欧文分校，由美国军方主导的"读心术"课题组组长、认知科学系系主任迈克尔·德茨穆拉说："这种交流系统（芯片探知思想的系统）有望帮助战场上脑部受伤的士兵或瘫痪的中风患者实现与他人交流。德茨穆拉说，他们期望研究成果今后可用于军事、医学和商业等多个领域。"

（参考文献：王鑫方. 美军方出资研究"读心术"·有人担心技术用于审讯. 新华网刊载：http://news.xinhuanet.com/tech/2008-08/17/content_9419731.htm）事实上，如果芯片直接刺入人体中枢神经或者附着于神经元之上，会更加有效，至少不用"放在头皮上"。

（3）"新人类"

截止到这一阶段，"少数利益集团"消失了，仅有极个别的一个或几个世袭寡头皇族还在"受益"，社会演变却没有停止，最后的一幕终会上演，不妨分析一下潜在的几种可能性与演变趋势。

①可能性一：新物种

金融寡头由于具有无道德限制的人体实验的天然优势，最终通过基因工程 DNA 自我进化，也有一个相对自由的、数量足够多的群体保证了足够可靠的生存系数，或进入单性繁殖阶段，进化成新物种。

这是"最好的结局"，可能性比较小，但有可能。其最终结局不见得好，但这一步有可能做到。当然事实上人类也灭亡了，天知道那些新物种是什么，唯一可以肯定的是：它们不是人类。

②可能性二：寡头集团的芯片化

寡头权力的本质是资本权力，追求绝对资本和绝对权力的过程本身就和追求绝对完美、绝对控制一样是疯狂和病态的，人体支付芯片社会控制体系本身是反人类的，有深刻的自我毁灭的潜意识在起作用。寡头追求控制来源于对剥夺过程的不安和紧张；追求完美来源于自卑和对自己潜意识的道德厌恶，这和早期金融僭主形成的历史有着深刻的历史渊源。这种偏执病态、高高在上的世袭寡头权力形成并巩固下来之后，就必然开始残酷的宫廷权力斗争，这在欧洲历史上从没有断绝过。

整体来说是"怕自己被对方控制"，也许是儿子怕被父亲控制、也许是妻子怕被丈夫控制、也许是姻亲怕被姻亲控制……总之，世袭寡头集团（也就是目前控制各国央行的跨国债权人集团）主导的芯片世界政府有自由人逐渐减少的内在倾向性，因为自由人越少，自由人的权力就越大。权力增加了，失去权力的不安全感也就增加了，权力欲也就增加了，权力斗争的烈度也就增加了。

这里的问题，就出在世袭寡头的数量上，人类不怕有疾病和失误，数十亿人死亡也不会导致人类灭亡，几百年的混乱也不会阻碍人类文明发展的脚步，因为人类社会有足够的多样性和数量来保障系统运行的安全与可

靠。但寡头集团的数量（非芯片人）与"自由人（非芯片人）"，不会太多，尤其是寡头政治后期，芯片控制权力的反面就是极度的不满和反弹，这会导致更加严厉的控制，并且伴随着机器人技术的应用，社会生产力模式的改变，消费者的价值逐渐消失，甚至变成"资源竞争者"，这也是芯片人的处境逐渐恶化的因素之一。很显然，不断减少自由人的趋势，没有尽头，剥夺越容易、控制越容易、芯片权力越大，越害怕被他人控制，这时一旦寡头族群产生遗传疾病或重大事故，自由人的族群不足以延续，就会导致人类文明的湮灭，这不是玩笑，仅仅是一个数学模型。

③可能性三：寡头战争

世袭家天下体制的尽头，也可能延续寡头控制体系初期的多寡头体制，当被剥夺者集团的反弹和反弹的可能被芯片体制彻底消除之后，则可能形成"多寡头封地共存"和"寡头战争"的特殊资本凝结形态。这时，一方面，由于战争导致寡头控制体系局部失序的可能性有所增加，自由人的数量有可能增加，但也有可能仅仅是增加了芯片人的奴役和机器人的应用，如果"寡头战争结束"，出现世袭金融僭主皇族体制，结局会朝着前两个"可能性"发展。

但如果寡头争夺战失控或者长期化，以百年后的军事技术来推测，那破坏性极大，不管是芯片人还是自由人，都有灭绝的可能，尤其纳米生物芯片可以随空气、水、食物传播，很难区分生物芯片和病毒，甚至仅仅是一个活性蛋白颗粒的区别，目的在于相互控制的芯片战实际上会演变为生物战。如果灭绝了也就与"可能性二"没有差异；如果没有灭绝就会导致人类社会陷入长期的危机、不稳定与族群变异（这种变异有可能是自我生存的需要而不得不做出的牺牲，也是生物芯片用于控制他人的历史影响之一），这种漫长的自我衰退的终点，是灰暗的和不可知的。

④可能性四：寡头体制的自我否定

华尔街"世界货币、世界央行、世界政府"和中情局比尔德伯格俱乐部2007年跨大西洋会议决定执行的，美联储世袭股东集团提出的"世界人体支付芯片控制体系"的成功建立，必然导致人对人的压迫和广义财富转移机制极端化。但剥夺为了什么？控制为了什么？除了某些不为人知的病态的欲望之外，对于金融僭主来说，控制是为了占有更多的资本与权力，可寡头实现了世界政府以后，还有什么可以进一步作为剥夺的目标呢？这是个耐人寻味的谜题：

a.剥夺财富？

华尔街控制了包括美元体系、欧元体系、日元体系，什么财富用这些寡头任意开出的信用符号还买不到？所以根本目的不是多搞到一两件物品。虽然这是目的之一。

b.获取安全？

美元体系虽然就是一个世界性金融寡头体系，但由于存在"令人讨厌的"的主权国家和主权货币，会让滥发的私有寡头信用濒于崩溃，金融主义时代的市场经济是寡头通过颠覆市场规则，打破市场经济而存在的一个具有讽刺意义的金融战工具，但即便这个被垄断金融资本破坏得千疮百孔的市场经济，也不是寡头的目标和利益所在，必须建立寡头世界政府，才能彻底消灭自由竞争，寡头的垄断体制才能得到进一步发展和进一步资本凝结。所以，寡头世界政府可以带来"安全"和"稳定"，这才是金融帝国主义体制和寡头芯片世界政府的本质不同和"优点"

c.性的奴役

在人类跨越母系社会后，一直以男性社会为主（女世袭寡头的存在受到西方宗教意识形态的限制，不易形成，所以这里不讨论；克隆单性繁殖由于目前存在细胞"老化"的现象，很有可能不是短时间可以解决的，也不去讨论），性冲动主导了生物人的部分潜意识选择，其本质是自我复制和自我基因保护的物理过程和生物自我化学物质报偿机制的结果。无限的配偶数量、无限的交配可能、无限的基因复制欲望纯粹是一种妄想，更多的是控制欲和权力欲，而真正的交配欲望却常常退居其次而不被他人，甚至是"自己"所知晓。

性的支配欲的解放，无疑会在寡头世界得到最充分的表达，欧洲宫廷、下等妓院、刑事档案、战争浩劫地区中能够发生的一切都会在寡头世界堂而皇之且合法地发生，核心问题在于：这种交配会不会产生新的自由人，这是一个寡头世界最大的政治问题，而这个问题的关键，又是会产生什么样权力的自由人与数量的多寡。

唯一可以肯定的是，寡头体制是"纯粹的"，家庭会逐渐解体和形式化，广泛的交配如果产生了足够的自由人，那么还是积极的，但如果寡头不愿意放弃权力，仅仅追求交配过程，那么就纯粹是一个人类社会构架解体的过程，而不会有任何积极意义。

这是寡头追求的目标之一吗？金钱世界里，他们多少还需要付出一些

数字，但在芯片世界中，他们连这些都可以省去。但却不好说这就是寡头的追求，因为美元世界的世袭寡头已经可以为所欲为了，当然有一定的限制，所以这不是一个寡头内部说得出口的目标，甚至会以公开否定的形式表现出来，但寡头会努力去实现，算作一个潜意识目标。

d.人性的奴役

坦率地说，这才是一切寡头体制，一切资本世袭家天下体制的全部内容。摧毁一个人、摧毁一个家庭、摧毁一个国家、摧毁一个民族，最后，摧毁整个世界的自由，人们的无奈、恐惧、绝望会给世袭金融寡头带来优越感、满足感、安全感、强烈的相对幸福感、成就感、充分的控制欲的极度展现，权力欲的感性刺激。德国军事家卡尔·冯·克劳塞维茨（1781～1831）曾经冷漠地说过："战争的本质就是游戏。"这个判断从战争的整体含义来说是错误的，但克劳塞维茨这个评价的时代背景恰恰就是欧洲银行家集团操纵的各国相互厮杀（这与今天华尔街为了控制全人类，而倡导"和平"一样，不过是一个硬币的两面，上面都打着"奴役与欺骗"的烙印），这就让"游戏"的说法，成了寡头操纵下的金融战役，乃至世界政府的最好诠释。

⑤可能性五：芯片人

从上述寡头建立世界政府的潜意识动机来看，寡头对于人的需求主要来自控制与剥夺，除此之外，由于机器人技术的发展，单纯的生产利润的剥夺会逐渐变得毫无意义，所以寡头有逐渐"减少"芯片人数量的倾向和必要。具有讽刺意味的是，与早期代理人的判断截然相反，寡头眼中的一个芯片人女子或一条宠物狗的价值远远比一个出卖国家，背叛人民的总统、国王更有存在的价值，而且要求低、更安全。

世界政府建立之后，必然要出现一波又一波的"芯片人的减少"，当然，这也是一个"选择"的过程，问题在于留下的一定不是"有竞争潜力的、有功的、有要求的、有地位的"、而必然是"听话的、有用的、喜爱的、安全的"，芯片人会得到一种人为的选择，他们不会变得更智慧，但有玩物化倾向。芯片人地位的"巩固"会伴随着自由人的减少、机器人的增多，更重要的是这种"巩固"，必然是一个单一寡头体制巩固的产物。

世袭寡头政治体制下机器人不会出现人性化需求（这与正常的人类社会正常状态相反），一个"巩固"的绝对寡头体制，也是自由人、控制者最少的时期，这就让寡头社会丧失了大系统的"鲁棒性"，出现一个关键性寡头家族成员的意外死亡后，芯片人可能逐渐凋零，功能化机器人持续运转，直到停止，地球一片死寂的结局。

⑥可能性六：不是结局的结局

理想主义的光芒无处不在，希望是人类飞跃一切迷茫与困境的翅膀，我们不妨展开这对翅膀，思考一个新的起点：这种结局有极小的概率，几乎等于不可能事件，但也不能说绝对不存在。机器人会有某种自我形式的进化，个别芯片人也有存活下来的可能，通过自然分娩（假设没有集体"绝育法案"的话），在寡头家族自然湮灭后，会出现新的自由人，那就是一个新的历史，他们应该对私有制的代价有足够的理解，不会重复这一过程了。

5. 思索

跨国垄断金融资本的形成，是一系列复杂历史演变的客观产物，从根本来说是一个诞生于私有制，又会必然最终否定私有制的矛盾产物。金融主义是资本主义社会的最高阶段，金融僭主是资本凝结的果实，但也是资本社会的掘墓人。"世界货币、世界央行、世界政府"是人类社会有史以来的最大挑战，但也孕育着一次伟大的生产力变革——那就是人类开始脱下资本主义世袭家天下的镣铐，走向社会主义公天下的伟大时刻。笔者希望这个挑战是个开始，是个机遇，而不是包括金融僭主在内的全人类的终结。华尔街金融僭主世袭家天下主导下的"世界货币、世界央行、世界政府"建立之日，就是人类文明灭亡之时，此后，人类发展的大幕将徐徐落下，一切都将变得毫无意义。

第八章

飘散的烟云

一、"一句话"的世界金融战役史

准确界定全世界有多少国家，并不容易，大约有 196 个（参考文献：张怀中. 李肇星长沙开讲两问题考倒听众. 新华网刊载：http://www. Hn.xin huanet.com/gov/2009- 11/17/content_18250221.htm），在笔者拙作《货币长城》（即"虚拟经济学"）和《金融刺客》系列（即"世界金融战役史"），涉及了大约 20 国家被跨国金融资本主导的过程和现状，作为一个补充，选择几个国家简要说一下其金融领域的危局，这必然是一种懵懂尝试与管中窥豹。

（一）亚洲

1. 日本

2009 年，日本国家资不抵债，仅国家狭义负债达 6.98 万亿美元，超过国民生产总值 134%，国家和地方政府长期债务余额总计达 9.44 万亿美元（862 万亿日元），人均负债约 7.39 万美元（675 万日元），这些债务都是通过所谓的"独立央行"向"债权人集团"借入，实际上并不是债务，而是预发行货币余量的债务化，是金融战役的产物。2010 年日本预算的 48% 依靠新债务，如果债务年利率为 5% 与日本经济增长 1%，则不考虑新债务，仅利滚利，59 年后，日本狭义债务（不包括地方债务、公司债务、个人债务）将是同期国民生产总值的 10.11 倍。（有关日本的"独立央行"，请参看"日本卷"）。

目前，日本进入**债务预算时期**（请参看拙作《货币长城》），此趋势不可逆，直至债务与国民生产总值之比趋于无穷大。这就是"独立央行理论"、"债务货币理论"否定预发行货币余量，"国际债权人"秘密攫取主权国家货币发行权后，财政债务化的金融战后果——这些债务日本人民从来就没有借入过，是**虚拟债务**。（参考文献：惠晓霜.日本新财年预算债务创新高.人民网刊载：http://japan.people.com.cn/35463/6853467.html）

2. 印度

位于印度孟买的印度储备银行（Reserve Bank of India，RBI），是印度的"独立央行"，1934 年由华尔街和伦敦金融城的银行家族缔造并拥有，印度货币为"债务货币"，1949 年实施了与英格兰银行类似的名义国有化，实际上"独立央行"是国有还是私有并不重要，关键在于通过建立这样一个架空各国政府与财政部的"独立机构"，成为制造、实施债务货币体制的工具，印度政府无权干预"独立央行"的"独立事务"，由董事会决定一切，"央行"背后的"国际债权人"控制着印度的预算、货币与税收。截至 2009 年 3 月 31 日的财政年，全财政年借款达 4 万亿印度卢比（约 834 亿美元），比 2008 年财政年度 3.62 万亿卢比年借款额，债务增速 10.49%；经销商印度工业信贷投资证券有限公司首席经济学家昂斯索布瑞艾明（Prasanna Ananthasubramaniam）预计印度 2010 年发行国债 4.34 万亿卢比，2010 年比 2009 债务增长高 8.05%，债务递增平均值为 9.27%（参考文献：印度或将国债发行目标提高 10%.国际财经时报网站刊载：http://china.ibtimes.com/articles/20090703/yindu-jingjizengzs.htm）。

"新华网新德里 2009 年 7 月 7 日电（新华社记者毛晓晓）印度政府公布的报告显示，2008～2009 财年（2008 年 4 月 1 日～2009 年 3 月 31 日）印度经济增长率为 6.7%，这一数字虽然低于此前连续 3 年 9% 的增长"（参考文献：毛晓晓.年中报道综述·印度经济恢复将呈 U 型.新华网刊载：http://News.xinhuanet.com/fortune/2009-07/07/content_11667724.htm），连续 4 年平均经济增长为 8.425%，比平均债务增长低 0.845%，不要小看"1 个百分点"，这就是金融战役全部的奥秘与伤痛！有关印度负债率的说法不一，计算方法导致数据很难界定。一般来说，2009 年印度政府负债在国民生产总值 75% 以上，2009 年印度企业负债约在 35 以上，共计肯定超过印度国民生产总值。单纯从印度政府来说，如果不警惕"国际债权人"的"一个百分点"，那么 25 年以后，印度政府的狭义国债肯定超过印度同期的国民生产总值。感兴趣的读者可以计算一下，此后多少年，印度政府单年因支付给国际债权人集团的利息将超过国民生产总值（请注意：这还仅仅是狭义负债，印度发行货币要抵押国债，这个国债数字肯定已经超过产值很多倍

了，具体可参看《货币长城》有关"里根政策"的内容）。

问题是这些所谓的"债务"，仅仅是华尔街主流经济学制造的"赤字国债理论"，通过否定预发行货币余量的存在，人为制造账面虚假债务，实质是货币发行权丧失，印度人民没有借这笔钱，**各国均是如此，下面就不重复了！**

（二）拉丁美洲

在《货币长城》中，笔者提出了一种资源国与新兴工业化国家联合，打破华尔街对拉美、非洲债务控制的假说，因为"虚拟经济学"成书时间很长，故一直仅仅是一个想象中的突破美元广义回流机制的数学模型。很有趣的是，由于这个假说的现实性，巴西债务从 2000 年以后，出现了 50%上下浮动的奇异景观，没有迅速超过国民生产总值（债务与产值比趋于无穷大的态势，超过则进入不可逆的阶段，国家财政最终必须由国际债权人托管）。

但是，金融战役高端控制策略中的理论束缚，终将导致巴西政府的负债不可收拾。目前巴西"较好"的负债，每年也要凭空把 6%～8%的国民生产总值交给华尔街债权人，这不是债务，是"寡头税"，利率曾经高达复息22%，甚至更多（因为 20 世纪 80 年代末拉美债务很多是短期债务滚动，目前不过是勉强不增加债务，有能力支付利息的危急时刻中的"短暂喘息"）。

巴西政府必须从了解华尔街财政部金融情报体系的历史背景入手，理解控制着美联储华尔街体系的摩根财团建立的国际清算银行年会管理下的"独立央行体系"的复杂性，立刻着手取消根本就不需要的"独立央行"，并彻底排除一切旧金融体制的人事残留，实行固定利率和固定汇率，一次性账面归还所有本国货币计算的负债，然后在政府预算中体现预发行货币余量，替代目前荒谬的"赤字债务"，才能彻底扭转财政债务化的总趋势。然后稳定财政，尽量增大出口，保持顺差，停止借入一切类型的债务，禁止公司和个人借入新的外币债务，并着手在量力而行、稳定第一的基础上，依托国家机器的有利介入、全力争取各界对削减债务利息负担的真心支持、依托资源出口的顺差，逐渐收购本国个人、企业负担的旧外币债务，替换为本国货币债务，并逐年归还外币，直至全部消灭外币债务，并最终做到既无内债，又无外债，这是一个须臾即逝的历史机遇，20 年左右，巴西政府、企业和个人可彻底脱离华尔街的债务控制，但巴西政府没有打算这样做（巴西中央银行成立于 1964 年，由董事会管理，运作与美联储没有任何区别）。

"新华网布宜诺斯艾利斯 2008 年 2 月 23 日电 正在此间访问的巴西总统卢拉日前说，由于巴西已经从债务国转变为债权国，现在是巴西增加债务推动经济增长的时候了。卢拉说，这些新增债务不是简单用来支出。它将被用来建设水电大坝、通信设施、铁路和其他基础设施，从而推动巴西经济发展。巴西中央银行日前发布的报告显示，2008 年 1 月份，巴西的国际储备首次超过总体外债，从而转变为债权国。"（参考文献：巴西总统称现在可以增加债务推动经济增长. 新华网刊载：http://news.xinhuanet.com/newscenter/2008-02/24/content_7658579.htm）

华尔街金融战高端理论欺骗体系，起到了神奇的作用，债务金融主义历史阶段的经济理论本身，就是一场制造债务、交易债务、接受债务、储存债务的荒谬喜剧，这里面的学术认知误导有二：

（1）巴西不发行本国货币，而继续忽略预发行货币余量的存在，而持续接受"债务货币理论"和"赤字国债理论"，那么不论建设多少基础设施，不论创造多少物质财富，最后都会消失在债务金融主义的泥潭中。本质为货币发行权丧失导致的虚假债务无限增长，超过国民生产总值后，则再也无力扭转。

（2）华尔街主导的各国"独立央行体制"，全部拥有各国货币发行权与外汇黄金储备权，黄金大多秘密运到纽约美联储，由摩根家族凭空拥有，外汇储备全部由华尔街所谓的"独立投资基金"负责"运营顾问"，各国政府反倒无权干涉种种荒谬的"独立事务"，当各国增减黄金储备数量时，实际上仅仅由摩根家族给各国的"独立央行"开出一个"你有了多少黄金的账面数字"，实际分文不值，一两黄金也没有购入，还付出了巨额的资金。当各国政府需要使用外汇储备的时候，却要荒谬地通过发行国债来从"独立央行"手中换取等额的本国货币信用额度，花自己的储备需要债务就够荒谬了，"独立央行"取得各国政府，实际是各国人民交由各国政府管理的共有财富却要"划拨"，反过来则要"借债"，这种荒谬的华尔街体制，让一个国家不论增长还是衰退，都会不停地制造出债务，最终导致国家财政被"国际债权人"托管，欧美日等各国无一不是如此，国家的主权就逐渐转移到了金融僭主家族手中。这是经济、政治、军事、情报、学术的综合运作结果，是如假包换的金融战役。不取消独立央行，外汇储备根本就无

所谓"国家储备"，也就不能用"外汇储备"冲抵"国家债务"。

（三）非洲

南非的"独立央行"是南非储备银行（The South African Reserve Bank，SARB），负责货币发行、国库托管、储备管理，实际上还管理着南非的财经预算税收，这与各国"独立央行"的权限类似。南非储备银行仿照美联储，由"国际银团"在 1920 年成立，属于外资股份制营利性金融机构，由外国世袭股东拥有和运营，这与一些英国所谓的"国有央行"由国际债权人管理，政府不得参与"独立的金融专业事务"，是一回事。南非土地农业银行、南非邮政储蓄银行、南非开发银行也由是股东们拥有，名单不详。

南非目前也紧随美国，进入了"零储蓄"阶段，储蓄率仅有 0.2%，2008年南非平均家庭负债率，达到家庭平均年收入的 82.3%。在这种债务社会的畸形模式下，一个人终生工作 50 年的总储蓄额，仅为个人负债总额的12.15%，不仅终生还债，87.85%的个人债务中的绝大部分，会以多种渠道、多种模式"债务世袭"，这与美国情况很类似，所以这不是仅仅发生在南非，而是债务金融主义时代的一个普遍特征。假设"世袭债务"的利率为 5%，仅每年利息滚动将达"债务继承者"年收入的 4.392%，仅这一项"金融僭主家族垄断税"就比他或她年储蓄率高 4.192%，"债务继承者"个人债务年息滚动增长速度是个人储率增长速度的 21.96 倍！

在残酷的债务金融主义压榨下，最开始成为世袭债务奴隶的是底层劳动者，然后是所谓的"中产阶级"，华尔街发动几次"全球金融危机"之后，只要收紧信用供给，就可以轻易地剥夺资产阶级的实体经济所有权，看似风光的资产阶级，个人净负债（扣除实体资产在虚拟经济体中的扭曲股价）的绝对数字会远远超过一个无产阶级，"越贫穷的人债务的绝对数字越少"，这就是债务金融主义，本质是资本凝结与剥夺，"债务"是骗局，也是金融战工具。

南非受过良好教育，且有工作收入高的白人"白领"家庭，背负的债务枷锁反而比黑人"蓝领"家庭要高。截止 2008 年，虽然表面上南非家庭平均负债 9.5 万兰特（约 9500 美元），但负债的主体恰恰是南非债务最高的群体 25～35 岁，年收入在 96000～144000 兰特（参考文献：李建民. 过度消费使南非家庭债务超过千亿美元. 新华网刊载：http://news.Xinhua.net.com/fortune/2008-11/17/content-10370794.htm），占人口总数 9.2%白人家庭负债额高达 6800 亿兰特，占南非家庭负债总额的 61.81%，是南非所有族群中债务最沉重者，人均负债是黑人家庭的 15.83 倍。南非全国人均家庭负债占年可支配收入的比例从 1998 年的 60.2%，增加到了 2008 年的 82.3%（这时仅债务利息的利滚利导致的年债务增长，就将超过个人年收入的增长，并且差距会逐渐拉大，这个数学模型不可逆）——这个数字的真实含义为：南非社会已经不具备自主摆脱债务控制的能力，全面地债务化将不可避免，华尔街的"国际债权人"用于控制实体经济所有权和剥夺南非财富的债务世袭制度初步建立。

二、红叶飘飘入梦来

图片说明：这是北京的长城，隐映在漫山的红叶中。饱经沧桑的古长城，默默地屹立在那里，一阵风起，漫天红叶飞舞，如诗如梦。

（一）童年往事

小时候，一次母亲带笔者去香山，那时红叶如诗，漫天飞舞，拿了这一片，又掉了那一片，好不容易两只小手捉住一片自己感觉最红最美的枫叶，赶紧捧到母亲面前，傻笑着充满自豪地说："给，这是最好的！"当年参加小学入学智力测验，老师和蔼地问："小朋友，1 加 1 等于几？"笔者淡淡地微笑着，镇定自若且充满自信地回答说："3！"结果，被刷了下来，笔者上小学比同龄的孩子晚了一年，为童年憾事一件。

（二）片片红叶，点点童心

1. 网瘾、智力测验、奥数、剪脐带

（1）思索

金融战役学的三块基石：虚拟经济学、社会控制论、个人行为优化论，这些相互之间联络之紧密，超过了字面的表述。笔者曾经在博客中谈了一下"剩女现象"，被一些读者误以为是"感情探索"，然而笔者其实是在讨论金融战役学，这个现象令笔者认识到——我们生活在一个生产力发展水平决定社会意识的物质世界，但很多社会个体并没有认识到这一点，这令笔者深思良久。

（2）网瘾

网瘾最先由华尔街媒体制造出来，然后广为宣扬，把一些围绕娱乐场所的青少年帮派与暂时的行为缺陷与网络和精神病挂钩（也就是通过"否定纸张、终止文字来否定劣等诗文"），然后为发展中国家制定出连续7天每天使用电脑6小时就是网瘾的"精神病学规范"，以此钳制和扼杀发展中国家的科技水平发展，欧美各国却在强力推行婴儿上网、全民上网、24小时上网、无纸化办公等科学信息国际运动。

（3）数学游戏

欧洲银行家自古就推行了一种消耗人的精力、减少人乃至一个社会综合智商的策略——数学游戏，很多欧洲王室，甚至包括清朝王室被欺骗而不自知，奥数消耗了大量社会智力，戕害了很多本来可以多方面发展的孩子，削弱了对实用数学的掌握。

（4）智力测验

①忽略核心参数的"完美测验"

智力测验长期被误导，因为孩子智力发育年龄个体差异极大，3岁儿童与"标准3岁儿童"相比如果测试结果大抵相等，则智商100，但如果一个超智商的"3岁儿童"从此智力发展趋缓，则同样会有成年处于智力低下状态的可能。

②黑色幽默

有一个美国科幻短篇黑色喜剧小说，里面一个华尔街银行家"精神正常先生"想出了一个"精神健康的测试表格"，然后在全球推行，精神病测试人员成了最热门的工作，13年后，地球上的自由人仅剩下他和一个特别任劳任怨，又忠实可靠的女秘书，余下的都进了"弱智者集中营"。这时，"精神正常先生"突然失去控制，一边哈哈大笑着说："我把你们都骗了！我是超人！"一边冲向女秘书，试图加害。这个女秘书特别冷静，还很棒，一下子把"精神正常先生"摔倒，套上紧身衣，送进"重症观察室"，然后一点都不记恨，充满期待地等待着"精神正常先生"的全面康复（当然这是不可能的，因为"精神正常先生"用电击和药物的联合"治疗方案"就是把好人治疯，自己统治世界）。这个小说的主人公和叙述者就是这个女秘书，她是世界上最后一个正常的自由人了。她冷静地、不知所措地站在那里，日复一日，衣帽整洁地等待着老板的命令（此时她已经是世界之王了，没有老板了，她还这样，从不怀疑"精神正常先生"和导致这一灾难性过程的"正确性"）。

这是一个典型的被动性人格的喜剧化形象，是一个善良、可爱又能干的讨人喜爱的女性形象，她很显然比"精神正常先生"正常，但却成了华尔街荒谬社会控制体制中的一环。

（三）朝鲜的货币改革（2009）与虚拟经济学

1. 背景

2009 年 12 月 1 日，朝鲜民主主义人民共和国（下简称"朝鲜"）实施了一项货币改革，将货币新朝元 1 元等于旧朝元 100 元。华尔街媒体假意嘲笑这个措施，一些中国读者也不理解这样做的真实含义。从古典经济学的角度来看，这样做毫无意义，还存在一定的社会风险，纯粹是数字游戏，最终物价必然与货币重新契合，这就无法解释这个措施。但是，从虚拟经济学的角度看，这个措施具有现实意义。

截至 2009 年，朝鲜实施的是低物价经济体系，具有一定的配给制色彩，很多物价低到几乎可以忽略不计，这导致朝鲜的经济规模和生活水平被极大低估，追求现实利益和脚踏实地的发展反倒带来了一些复杂的经济影响与社会影响。"据中新网 2009 年 12 月 30 日电，由于最近实行货币改革，朝鲜给工人发放同货币改革之前同数额的薪酬，实际上带来了工资猛增100 倍的效果。普通工人和技术工人的工资分别为 1500 朝元和 2000～2500 朝元、市党机构工作人员 3500～4000 朝元、保安员 3000～3500 朝元、保卫部员为 5000 朝元、医生 3000～4000 朝元、教师 2000～3000 朝元、咸镜北道古乾原煤矿企业人均工资 5000 朝元"（参考文献：朝货币改革后实际

工资增 100 倍·人民生活大提升.中国新闻网刊载：http://www.chinanews.com.cn/gj/gj-yt/news/2009/12-30/2045965.shtml）。

2. 实质

从上面可以看出，一个朝鲜医生货币改革前工资约 360 美元/年，货币改革后是 30000 美元/年（因为朝鲜原来大约是 150 朝元∶1 美元，货币改革中调整为约 135 朝元∶1 美元，请参考当天汇率，各国汇率每日都有变化）。这里没有农民的数字，根据朝鲜一些导游提供的朝鲜公社农民工资约为 100～150 美元/年，目前相应为 12000 美元/年。

问题是，"山还是那座山，河还是那条河"，物价最终必然与货币契合，可统计数字和短暂的"物价追赶时间差"让人们感觉"生活大提高"，货币收入增长了 100 倍，物价最终也会上涨 100，这没有任何悬念，这里的奥妙就在于——社会主义的朝鲜物价即便上涨 100 倍，才与一些周边国家和地区的物价类似。

（1）交通

日本 160 日元的地铁票可能是最低的票价了（"东京地铁售票都是用自动售票机，根据所到站的远近价格不同，最便宜的是 160 日元，价格和欧美国家比也不算贵"，参考文献：实拍·日本人在地铁里爱干什么？.思考者新浪博客刊载：http://blog.sina.com.cn/s/blog-5042c5310 100gf89.html?tj=1），一般过桥费小轿车就几十美元，这是土地私有化的结果，不完全是"建设成本回收的问题"。

（2）食品

①"据韩国农业协会 2008 年 6 月 10 日表示，韩国猪肉价格一度大幅增长后呈小幅回落趋势。现五花肉 2060 韩元/100 克，里脊肉 1770 韩元/100 克"（请注意是"100 克"，参考文献：韩国猪肉价格小幅回落.中国养殖网刊载：http://www.chinabreed.com/market/pig/2008/06/20080612198010.shtml，资料："2010 年 1 月 11 日，纽约外汇市场 1136.40 韩元∶1 美元"）。

②"韩国首尔的超市里上等牛里脊的价格 1 千克超过 90000 韩元，10 千克的稻米价格约合 200～300 人民币，在日本，情况也相似，超市里 1 千克猪肉的价格相当于 80 元人民币，在德国，1 千克牛肉 20 欧元"（参考文献：日本韩国的猪肉价格观察与农业保护.搜狐新闻网刊载：http://news.Sohu.com/20070817/n251634503.shtml）。

③朝鲜过去物价很低，尤其在 2002 年的"七一措施"以前，物价远低

于日本等国（这就导致了国民生产总值和人民收入统计数字上的巨额差距），"大米价格每千克 0.08 朝元，玉米价格每千克 0.06 朝元，公共汽车地铁票 0.1 朝元"（参考文献：赵忆宁. 朝鲜的经济改革与对外开放. 中国宏观经济信息网刊载：http://www.macrochina.com.cn/zhtg/200701300836 27.shtml），2002 年以后已经开始上涨，有报道说上涨好几倍，但即便如此，再次涨价 100 倍，也与日本等国物价，相差无几。

朝鲜 2002 年 6 月 1 日前后的物价表格（单位：朝元）

种类	2002 年 6 月 1 日之前	2002 年 6 月 1 日之后
大米（千克）	（销售价）0.08	（销售价）0.44
玉米（千克）	（销售价）0.06	（销售价）24
猪肉（千克）	（销售价）7	（销售价）170
公汽、地铁	0.1	2
有轨电车费	0.1	1
煤（吨）	34	1500
电力	35（千瓦/小时）	2100（千瓦/小时）
石油 （吨）	923	64600
运动鞋	18	180
香皂	3	20
洗衣皂	0.5	15
酱油（千克）	福利	15
菜子油（千克）	福利	180
副食品（千克）	福利	300
鱼（千克）	福利	100
房租（月/60 ㎡）	福利	78
供暖（月/60 ㎡）	福利	175
沙滩门票	3	50
文学杂志	1.2	35

表格说明：

a. 表格部分数据来源于："赵忆宁. 朝鲜系列报道之三·朝鲜的经济改革与对外开放. 赵忆宁新浪博客刊载：http://blog.sina.com.cn/s/blog-4d3a33ce0100097r.html" 之 "表 1"，特此感谢。

b. 此表与原表不同，有删减。

c. 表中"福利"在原始文献中为"空白"，据有关文献，朝鲜此前对全部城市和部分农村人口的上述"商品"实施福利制度，可能没有全部涵盖，但有福利人们就不买，也就没有价格和产值，故此加注"福利"，以示商品化的过程，此仅为猜测和耳闻，不代表是与否，可视为空白。

d. 本表是 2006 年 6 月 1 日前后的对比，由于 2002 年朝鲜的"七一措施"，内容之一就是"汇率从 1 美元兑换 2.16 朝元，改为 1 美元兑换 150 朝元，大幅贬值"，而且同期进行了相应"薪酬调整"，故此上面的物价变动，从朝鲜公民感觉物价上涨的同时，收入也大幅提高，从美元来衡量是"物价上涨，但远低于日本等国"，整体来说，物价与收入比例变化远没有物价表面数字变化这样高的倍率。

3. 朝鲜 2009 年货币改革的历史影响与金融实质

（1）朝鲜过去一个教师，月收入 2500 朝元，年收入 30000 朝元，折合 200 美元，远远低于日本，币值调整后，约折合 20000 美元/年，虽然物价不论如何控制，必然随后与实际增加的货币信用总量持平，但 1 年内朝鲜国民生产总值增长约 100 倍，人均国民生产总值与日本、韩国站在了同一条起跑线上，**与此同时，物价也站在了同一条起跑线上**。短期社会有浮动和国内外较量，长期社会满意度和自豪感会大幅提高，整体趋于稳定。

（2）朝鲜从此成为东亚沿海地区的发达地区之一，人均国民生产总值高于韩国（这要看汇率的长期变化，本身就是数字游戏，不过都在参与，朝鲜"后来居上"，只要控制住局面，顶多物价高一些，过去日本物价就比朝鲜高无数倍，日本社会依然很满足），朝鲜的国际地位和起跑点，一下子在虚拟经济主导的债务金融主义历史时期，出现了史无前例的"大飞跃"。

（3）朝鲜经济的"大飞跃"，或者说朝鲜 2009 年货币改革的战略目的不论是否可以最终达到，都给人们提出了带来了一系列的思考：

①日本、韩国（大韩民国，简称"韩国"）国民生产总值，很大程度上也来自物价上涨，中国经济中也有类似的现象。1979 年北京 1 个电影院 1 张电影票（1.5 小时）仅带来 0.05～0.1 元人民币的产值，客满 500 人，不过 25～50 元人民币，2009 年北京 1 个电影院 1 张电影票 50 元（1.5 小时），仅有 10% 的顾客，就有 2500 元的收入，假设播放场次相当，创造的国民生产总值增长 50 倍。

②朝鲜这样"大飞跃"，完全是虚拟经济的产物，没有任何实质性的生产力变革，韩国超市 1 千克上等牛里脊卖到 90000 韩元（约 80 美元），放

在锅里一炸，不一定比200年前无污染、无农药、无抗生素时代的最普通的农家牛肉好吃和健康，但产值增长不可同日而语，实际还是那块牛肉。

③社会主义制度必须考虑人性和生物性永远滞后于生产力的发展与社会进步，绝大多数人选择与判断的标准是满意度，而不是利益得失，对此必须有冷静明确地认识，不能责备、不需嘲笑，因为你我就是如此。了解这一点，也就了解了资本主义虚拟增长的一切奥秘，对此冷静应对、普及知识、科学发展、认知实质、切忌沉迷。

4.有关"调整体率"、"调整策略"、"调整时机"的一点假想

（1）朝鲜这样"调整比率"，属于"高风险高回报"，如果调整为10倍，则毫无问题，且同时提高物价，这样物价就不会乱，仅仅是"账面数字后统一加零"，朝鲜由于与韩国的长期军事对峙，决策特征有坚决、果断、实用的一面，这种高比率调整，可能在导致物价上涨的基础上，让朝鲜国民生产总值出现飞跃，中远期影响与其说要看朝鲜经济，不如说要看以美元体系"虚拟增长"为特征的经济危机，何时把美元体制彻底摧毁，目前很难预料。

（2）朝鲜货币调整，除了调整倍率高和"任由物价自动二次契合"的策略具有一定的不可测性外，调整时机最好在2002年之时，那时全部按照100倍物价、100倍收入、100倍汇率调整，反弹和风险会小得多，因为2002年后的朝鲜已经引进了一些虚拟经济元素，目前经济基础与社会基础不如2002年牢固（虽然统计数字要高，但这是两个层面）。

（四）金融危机的对策

1.背景

笔者在9卷本《金融刺客——世界金融战役史》系列丛书中，回顾了人类历史上无数次"金融危机"，无一不是人祸。自从冷战结束以后，跨国金融资本空前强大了起来，已经具有实际主导世界的能力。资本主义却并没有因此走向真正的繁荣，而是越发陷入沉重的经济危机，整个人类社会有出现局部经济发展，而整体经济倒退的可能。美元体系的核心国，第五金融国家——美国，从1980年以后经济就再也没有任何增长，华尔街集团的金融战役，已经导致全世界出现了大范围的经济倒退。

从形式上说，有东欧剧变那种破坏型金融战役，也有美国、日本、南非、冰岛、中国台湾地区那种逐渐陷入虚拟增长，财政全面债务化，渐渐

无法扭转的控制型金融战役，"受益者"只是华尔街金融僭主家族，却不是美国政府或美国人民，美国庞大的国家机器和工业体系，不过是一个广泛跨国金融僭主体制控制下的金融殖民地，或者叫家族封地的私有公司更恰当一些。一些沉迷于华尔街广义控制体系的人们，盲目地维护着已经消亡的资本主义意识形态，把自己和他人拼命推向金融僭主世袭家天下的世界政府。即便不考虑明天，不考虑世袭家天下的含义，不考虑 2007 年美联储提出的世界人体支付芯片体制的含义，人们也有必要了解如下事实：

（1）美元危机不可避免

1980 年以后，美国依靠虚拟增长，依靠滥发美元剥夺他人财富的道路，必然走向没落和崩溃，没有任何悬念，仅是一个时间问题，可能就在今夜——这完全由金融僭主左右，是一个必然发生，服务于金融僭主世界政府和有计划赖账的战略步骤（有关美国历史上几次美元崩溃和赖账，请参看"美国卷"，类似的欧洲货币体系崩溃与赖账，也发生过许多次，请参看欧洲各卷，历历在目，血泪斑斑）。

（2）1 张电影票与 100 亩地

虚拟增长的本质就是通货膨胀，美联储世袭股东从 1913 年把美国土地从 1.25 美元/英亩，搞到了 2010 年的 12500 美元/英亩，严重破坏了人类文明的进程，而不是促进。尤其是 1980 年以后，主要发达国家先后进入了债务金融主义历史时期，出现了每年债务利息支出、债务增长都超过经济增长和储蓄增长的可怕现象。社会零储蓄、终生负债、世袭负债为特征的世袭赤贫阶层，在荒谬的虚拟增长下，已经在发达资本主义国家实现。一方面这不是实体经济崩溃的产物，而是金融僭主世袭家天下危害的初步影响；另一方面，依靠"物价岛效应"和相对领先的实体工业基础，主要发达国家还勉强维持着相对繁荣和相对富裕的局面，但是一个收入 2 万美元的日本人，仅仅在大街上租一个塑料"蚁巢"就要花费上万美元，这不是"物价高"，而是"票子毛"，是虚拟增长的恶果，是金融危机的内容——20 美元 1 张电影票制造的产值不足喜，20 万美元 1 个面包的前景足堪忧（1913 年 20 美元在美国可以买 96 亩地）。

（3）三大特征

债务金融主义本身就是现代虚拟经济，就是金融危机，就是资本主义经济危机，这个阶段的金融危机具有隐蔽性、持续性、不可逆的三大特征，随着资本凝结逐渐加剧。

（4）伪国有化

绝对资本垄断的资本经济将导致欧美社会出现了一个"伪国有化"、"伪社会主义"的历史时期，对此我们必须事先有充分的科学认知与清醒的头脑，我们提倡世界多极共存、互利双赢、和谐发展，但也要认清跨国金融垄断资本不可改变的掠夺本性。资本垄断的结果就是权力的垄断，"世界货币、世界央行、世界政府"的实质就是金融僭主世袭家天下。

（5）科学博弈、系统应对、战略优先

债务金融主义是一个跨国人事体系，依托于私有制和资本垄断，又在瓦解私有制和资本主义，这个体系的司法、媒体、金融，具有金融情报组织的一切特征和内容，我们不能回避，但要有科学防范的坚强壁垒，实体经济系统对虚拟经济系统、政府组织对僭主组织、国有公天下垄断对寡头世袭家天下垄断的博弈是长期的，不能抱有不切实际的幻想。

（6）铁的纪律

资本主义国家的金融危机，对社会主义国家来说，是机遇，也是挑战，任何个人都不能把短期个人利益置于长远国家和民族利益之上，任何部门和体系的权力都不能凌驾于党的权力之上，任何个人、部门和体系在党的领导和组织纪律面前，都不能存在任何形式的独立，本位主义、山头主义、代理人主义是危及国家安全和组织健康的毒瘤，强壮自身是抵御金融危机重要的一环。

2. 对策

（1）扶小策略

①在世界货币体系中，选择弱小的货币体系予以扶植。

②在世界各国中，选择弱小的予以扶植。

③在美元体系、日元体系、欧元体系与其他货币体系之间选择其他货币体系予以支持。

④在美元体系、日元体系、欧元体系中选择弱小的予以扶植，虽然这不能直接削弱拥有它们的金融僭主家族，但会加深和扩大相关利益集团之间的矛盾，以此分化和瓦解金融僭主体制得以存在的利益集团。

（2）系统对垒

1979年以前，我国实施的是纯净、明晰的刚性系统，目的在于战略迷惑，在被封锁、被包围的假象中，成功建设一个仅次于美苏的完整工业体系和科学社会主义体系。目前实施的是交叉渗透、离散布局的弹性系统，

因此必须加强规范、手段、策略、认识、奖惩、渗透与反渗透、控制与反控制、"进得来、出得去"的科学大系统建设。

（3）科学发展

①在独立自主、自力更生的基础上，建设完整先进的科学党建体系、科学社会体系、科学军事体系、科学研发体系、科学市场体系、科学教育体系、科学保障体系、科学纪检体系。

②在纷繁复杂的世界面前，必须坚定地用科学发展指导科学社会主义建设的方方面面，不能被金融资本的海妖之歌所迷惑，要头脑清醒、自觉自发，先进带动后进，共同进步，和谐发展。

（4）实体经济

由于社会人长期生活于私有制社会，对私有制和奴役他人的留恋，恰恰存在于私有制的受害者和被奴役者的意识深处，生物性与社会性的矛盾导致了人对满意度的需求远远超过对利益的需求，因此，社会主义市场经济必须充分利用一些有利于增加满意度的虚拟增长因素，但必须冷静、清醒地认识虚拟增长只是"为了微笑而吸入的一口烟草"，不仅无益，反而有害，是策略性的战术措施，在建设、储备、规划、思想上必须明确实体经济第一。

（5）中国优先

条约、承诺、政策、路线、文化、选择，一切的一切，都是中国利益的直接体现，可以随着中国利益的历史发展而发展，中国的一切理论和实践都是中国民族利益的产物，我们不追求损人利己的利益最大化，但中国利益永远优先，不容讨论、无须掩饰。明确这一点，可博得私有制世界的信任，会增强中国的国际地位。

（6）统一战线、人事第一、加强党的建设

①在新时代，要积极构建更加广泛的统一战线，放眼未来、广交朋友、化敌为友，宽容而不忘本。在利益集团各退一步，大家共进十步的基础上，不断总结，继往开来，让中国的利益，成为多数国家的利益，让中国的决策，成为老百姓拥护的决策。

②人事管理、组织建设、人才培养等领域必须牢牢置于党的领导之下，不容挑战。

（7）清理债务

①明确预发行货币余量的存在，给予中央政府相当于年国民生产总值

25%以内的赤字预算权，给予地方政府该地区年国民生产总值 7%以内的赤字预算权，以此避免重复欧美各国在目前"国际惯例性政府财政体制下"，必然出现的财政债务化，金融僭主主导化的潜在可能。

②明确立法：中国经济体系外资比例不得超过 15%，以此在战略层面减缓隐性贸易逆差（外资创造的贸易逆差和国内销售数字越大，隐性贸易逆差就越大，长期积累会导致统计数字虚高下的骤发刚性金融危机）和隐性债务危机（外资利润和产值越大，金融体系的隐性债务就越大），释放潜在的外资离境时人民币的汇率风险。

③明确立法：中央政府不介入外币债务，债务总额不超过年国民生产总值的 1%；地方政府、国家机关、国家机构等一切有国家介入的法人实体，无权举债。人民币债务一次性赤字冲抵性归还，外币债务调用外汇储备一次性归还——这就脱离了债务金融主义的战略桎梏。

④明确立法：中国外汇储备数字仅为中央政府外汇热钱，且不超过年国民生产总值，并且不投资、不赢利，作为保障国家安全的战略储备由财政部专辖，国家使用，不需对央行举债，不许交由任何投资机构、特别是华尔街基金监管，避免"交易债务"问题。

⑤明确立法：国家战略储备是由各种在国内非金融体系存储的矿产实物构成，任何机构无权用期货、纽约美联储储蓄票来置换和替代国有储备，避免"储备债务"问题。

⑥明确立法：货币发行交由铸币厂负责，货币发行数量由每年预算制定，汇率实施欧元、美元中数，汇率实施 2010 年 1 月 1 日与欧元、美元、日元汇率平均值，不再变动。从战略层面减少金融投机，增加我国货币的贸易稳定性，并将华尔街通过渗透而操纵我国金融货币体系的可能性降低到零。

⑦深化体制变革，精兵简政、提高效率，统一管理央行、证监会、保监会、银监会、银联、主权投资基金等机构，金融货币权力涉及国家主权，是各国政府的职责所在，宜实施"简单、透明、严查、多关、国营"，简而言之：将金融货币决策减少到最少、将金融决策权交由最高。

（8）两条腿走路

①国有企业是社会主义上层建筑赖以生存的生产力与生产关系的基石。

②明确军工等核心领域，国家专营。

③重要领域保有国营主渠道和主导地位。

④第三产业等利润丰厚的领域，国营仅保留几条连锁经营的"线"（以应对各类危机，保证质量，不予征税，不予扩张，应急时商品可对民营商店与个人免费配给和发放），退出"面"。从产值整体来看，各种所有制企业拥有很大的利润和发展空间，国家主权和人民赋予的公权力和社会主义上层建筑的基石会得到巩固，"国营"、"民营"两条腿走路，和谐发展、共同促进、不断提高。

⑤在建设先进的现代化社会体系过程中，要不惜代价地在各地储存：传统良种、动力车头、粮油食品、基础药品、基础性原材料，重要领域的科技人员要"有聚有散"，城市化、工业化、现代化与应急分散预案、简单可靠的原始人力体系（如：医院既要有现代化的设备，也要有一些不需电力的手动器械）、应急运行体系并存、互补。

（9）统计误区

①失业率

目前，我国就业压力和普遍薪金很低的社会问题在统计数字中根本反映不出来，因为我国目前档案存储机构都是营利性的"三产"机构，必须有"单位证明"（这是一个虚假形式，实际上这个"章"谁盖都行），大学生毕业拿档案，"没有接收单位"就不行，承认自己失业，就会中断"有效工龄"影响养老金，很少有失业者愿意拿几个月的失业救济款，去承受"有效工龄"减少，甚至中断的风险。在这种情况下，统计出来的失业率，毫无意义。

②人均产值与收入

我国有必要实施"**民族总产值**"（不包括外资与外资参股部分，不包括海外投资部分）替代"国民生产总值"。例如，一个沿海保税区的贫困县，有一个10亿美元产值的美国芯片车间，仅有10个美国管理人员，免税，"两头在外"，可产值却由该贫困县平均，算入"国民生产总值"，这就让产值与收入出现了不可思议的背离。

"新华网北京2010年1月7日电（记者孙晓胜）北京市发展和改革委员会主任张工2010年1月7日表示，预计2009年北京市全年经济同比增长9.5%以上，人均GDP有望突破1万美元。预计，2009年北京市城乡居民收入同比分别实际增长9%和12%，城镇登记失业率为1.5%，居民消费价格指数下降1%左右"（参考文献：北京市2009年人均GDP有望突破1万美元.新华网刊载：http://news.xinhuanet.com/fortune/2010-01/07/content_1277152

6.htm）

失业登记率是 1.5%，实际上是失业后彻底丧失缴纳社保费用，无处筹借的失业者，他们如果这样登记几年的代价很大，是"有效工龄"的中断，涉及退休金和现实医疗报销等诸多层面。人均 1 万美元，如果扣除老人、残疾人、未成年人、失业者等的劳动力人口占总人口的 40%，那么 2009 年北京每一个有工作的成年劳动者人均创造产值高达 2.5 万美元，按照 1 美元 7 元人民币粗略计算，约折合 17.5 万元人民币，月收入 1 万元人民币工资的人存在，但笔者没有见过几个，一般工资少的 1500 元上下（蓝领），工资多的 5000 元（白领）上下，大抵如此，即便月工资收入 1 万元人民币，一年才 12 万，这样一个罕见高收入的人，与每个成年就业劳动者必须创造的产值相比，约为 68.57%。

如果每一个婴儿都创造了 1 万美元产值，统计产值与实际收入的比率平均 68.57%，人均实际收入 6857 美元/年（缺口由高收入的"背"过去），一个三口之家也要收入近 20 万，而且家家如此。

③地产拉动

我国有必要实施普通居民福利化与豪宅商品化制度，普通住宅私有化不仅让全社会进入了终生负债的怪圈，让房价推动的烈性通货膨胀成了国民生产总值，短期而言，整个金融体系将被套牢。

房地产是华尔街蓄意制造的金融控制体系，他们按照人的大致寿命，然后根据第一次购房年龄，把房价控制在余生可理论完美支付的状态下，这样 31.5 岁购房，40 年归还，71.5 岁去世，每隔几年蓄意制造一个金融危机，就会导致"无力支付"，再用名义为"紧急援助"，实际为高利贷的新债，维系终生债务控制，宏观上基本可以用债务，剥夺一个人毕生创造的财富，并刚好可以收回"破产房"，然后拆毁，重新送入建房流程。这个措施毫无人性，残酷精巧。

抛开经济问题不谈，房地产商用国有土地、银行贷款运营，先卖楼花、不予装修，既非技术密集型，也非资金密集型，只是人脉密集型，危及国家金融安全，腐蚀干部队伍。勤俭劳动的人们，积年辛劳，收入增长永远也赶不上可以人为制定的房价，结果是夺国财入私门、积民怨于公上，短期上缴一些财税，实际却对整个社会的经济形成了排他性、掠夺性、破坏性、透支性的资本凝结，短短一年，可透支几十年的货币信用，不仅必然导致虚拟增长为特征的烈性通货膨胀，同时制造了以经济崩溃为代价的隐

性通货紧缩，给宏观决策带来两难——其他产业的商品无钱购买，产值增长统计数字随着房价上升，人人把钱，甚至几十年以后的钱，交给房地产商，为了还债，只能减少有效支出，影响了社会经济循环，又会导致失业和失业者房贷归还终止，引发连锁的反应。

社会不可能没有矛盾，也不可能绝对公平，只要以公制公，则一公百平，只要生老病死有所依托、教育住房有所依托，人民敢于消费，有钱消费，社会消费就无须推动。

这是一些用于解释和说明金融战役概念的猜想，谢谢赏读。

> **编者按：**
>
> 　　本书涉及的一些问题，只是作者"金融战役史系列丛书"的一个组成部分。
>
> 　　不一定科学，验证尚需时日；也不是科幻，毕竟已经发生。可能是事实，尽管不想看到；但愿是故事，留下启迪和思考。
>
> 　　作者一家之言，并非本社立场。

后　记

尊敬的读者们，感谢您怀着深切的爱心和宽容，跟随着蹦蹦跳跳的"解说员"——笔者这样一个无知的顽童走过人类社会诡异险恶又壮丽跌宕的历史博物馆，这又是一部怎样险恶和黑暗的资本发展史呀！

笔者深深地爱着这世界，虽然它并不完美，但人类也不完美，我不想传播黑暗的智慧、阴冷的计谋、奸诈的策略，只想用历史的烽烟，吹去未知的迷雾，让人们认识到我们不是站在主权国家和世界政府的十字路口，而是站在通向金钱谷的断崖和更高级文明的岔道口。

私有制缔造了跨国金融僭主家族与跨国金融僭主幕府体制，利用虚拟经济的魔法，依托着全人类的实体经济力量，把一个又一个国家和民族拉入了债务金融主义的泥潭，"世界货币、世界央行、世界政府"将让所有的人，走入历史的回头路，在岔道的尽头赫然就是一个世袭家天下的金融僭主皇族体制。

本书把僭主体制的成长过程，豢养体制的存在，圈养体制的奥秘和人体芯片植入体制、"转基因食品"、"精神药物常用化"的危害，老老实实地汇报给人们，不奢求世界会被疏忽无知、散漫幼稚的书籍改变，唯一的期望就是：您知道了，您选择吧，这就是您的选择。

世界金融战役史之"世界卷"到此为止，笔者会写作更多精彩故事、诡异历史、绚丽童话奉献给一直支持我、帮助我、爱护我、教育我的尊敬的读者朋友，谢谢大家！请允许我再说一句：谢谢大家！

https://sites.google.com/site/homeofjiangxiaomei/
http://abeautifulmind.blog.hexun.com/
homeofbeautifulmind@gmail.com
beautifulmin1711@sina.com

晓美工作室　2010 年 4 月　北京

飘散的烟云——世界金融战役史